分断のニッポン史

ありえたかもしれない敗戦後論

赤上裕幸
防衛大学校准教授

737
中公新書ラクレ

分断のニッポン史 ❶ 目次

序章　「仮想戦後」を考える……11
もしも日本が四分割されていたら
「上向き」と「下向き」の反実仮想
ニッポン分断という「仮想戦後」
「戦後」が終わらない国？
「下向きの反実仮想」の効用

第1章　終戦——日本のターニングポイント……41
宮城事件（八・一五事件）
日本のいちばん長い日
幻の北海道人民共和国
サイドワイズ ニッポン【北海道分断編】　61

第2章　東西冷戦下の仮想地図……63
壁の向こうの住人たち

「日本四分割」で私はいま……
統一国家ニッポンへの希望
アメリカ占領下とソ連占領下の「幸福」
サイドワイズ ニッポン【1970年代―80年代】 94

第3章 ポスト冷戦期の「分断後論」…… 99
仮想戦記が描く「仮想戦後」
日本と朝鮮半島が入れ替わっちゃった！
「敗戦後論」から「分断後論」へ
データベース化する「ニッポン分断もの」
サイドワイズ ニッポン【1990年代―2010年代】 138

第4章 共産化する「仮想未来」…… 143
嗚呼！ 日本人民共和国
もしも日米安保が破棄されていたら

バトルオーバー北海道
PAST WAR 198X年
サイドワイズ ニッポン［未来編］ 180

第5章 独立国家論 183
「吉里吉里国」というユートピア
四国と九州の独立運動
「奥州国」と「佐渡共和国」
可能性としての地方分権
サイドワイズ ニッポン［独立国家編］ 221

終 章 「分断」を抱きしめて 225
記憶の「中継プレー」
「日本沈没」という「敗戦の体験」
『太陽の黙示録』の中の「戦争」

アフターコロナ時代の「希望」

あとがき　247

註　255

本書で言及した「独立国家もの／独立国家論」一覧　273

「ニッポン分断もの」一覧　285

図表作成・本文DTP／市川真樹子

分断のニッポン史

ありえたかもしれない敗戦後論

【凡例】

・作品情報は刊行年を記載した。新聞、雑誌で連載後、単行本化された作品は、初出である新聞、雑誌の連載期間を記載した。書き下ろしで複数巻が刊行された作品は、完結までの刊行年を記載した。作品名については、新聞、雑誌連載のみの作品は「　」、単行本化された作品は『　』で示した。別タイトルの作品集に収録された場合は「　」とした。曲名、映画、テレビ番組、アニメ、ゲームは《　》で統一した。

・ニッポン分断を描いた作品（＝「ニッポン分断もの」）には、巻末の表と対応する番号を付した。この番号は、各章で初めて言及する場合のみ付した。

・「ニッポン分断もの」と、独立国家を扱った作品や論考（＝「独立国家もの／独立国家論」）からの引用は、本文中に簡略化した形で記載した（「文庫版、○頁」など）。詳しい出版情報は巻末の表に記した。

・引用文中の旧字体の漢字は原則として新字体に改めた。かな遣いは原文のままとした。

・引用文中の省略についてのみ（中略）と表記し、「前略」および「後略」は省いた。また、引用文中の改行は原則として省略した。引用文中の強調とルビは、特に断りのない限り、原文による。引用文中の語句説明等は〔　〕内で行った。

・引用にあたっては史料としての正確性を期すため、現在では不適切な表現もそのままにした。他意のないことをご了承いただきたい。

・肩書きは当時のものとする。

序章　「仮想戦後」を考える

もしも日本が四分割されていたら

毎年8月が来ると、私たちはあの戦争のことを考えずにはいられない。そこでこんな思考実験を行ってみたい。もしも1945年8月15日の時点で太平洋戦争が終戦となっていなければ、どのようなことが起こりえたのか――。

この「もう一つの歴史」について考えるために、8月14日の深夜、実際に起こった出来事を振り返っておきたい。その夜、陸軍の青年将校らは宮城（＝皇居）を占拠し、録音が終わったばかりの玉音盤――そこには終戦の詔書《しょうしょ》を読む天皇の声が録音されていた――を回収しようとした。彼らの目的は、ポツダム宣言受諾の政府方針を撤回させ、日本の終戦を阻止することにあった。このクーデタ未遂事件は宮城事件（八・一五事件）と呼ばれ、映画《日本のいちばん長い日》（1967年、岡本喜八監督／2015年、原田眞人監督）のモチーフにもなっている。

クーデタが成功して、8月15日以降も戦争が続いていたら、北海道にはソ連、九州や関東にはアメリカが攻め込んできたはずだ。本土決戦を経て、日本はドイツや朝鮮半島と同じような運命をたどり、分断国家ニッポンが誕生していたかもしれない。

実際にアメリカ軍は日本の分割占領を計画していた。それによると、北海道と東北地方をソ連、関東や中部地方をアメリカ、近畿地方をアメリカと中国（中華民国）、九州と中国地方をイギリス、四国を中国（中華民国）が占領する計画になっていた。東京もこの四か国による共同管理が予定されていた［図序-1］。

1977年にNHKで放送された《日本の戦後　日本分割　知られざる占領計画》では、アメリカ軍の委員会でなされた議論が次のように再現されている。

ハッチン　北海道及び東北、このあたりがソ連地域。そして、この本州中心部は、アメリカ地域。そしてこの四国という島を中国が占領することにしてはどうでしょう。

マクニクル　（資料をみながら）その中国の占領する四国という地域だが……食糧は不足しているし、鉄道、道路について、すべてプアー（貧弱）ということになっている。中国は納得するのかね。むしろ、地域的に近い九州をまかせたらどうかね。

リッグス　いや、工業地帯をもつ九州は通商国イギリスにまかせるべきだろう。中国では無理だよ。

マクニクル　沖縄はどうするのかね。やはりイギリスの……

リッツェンバーグ　とんでもない、我々があれほど大きな代償を払って獲得したところだ。それに将来戦略上特に重要な価値をもっている沖縄

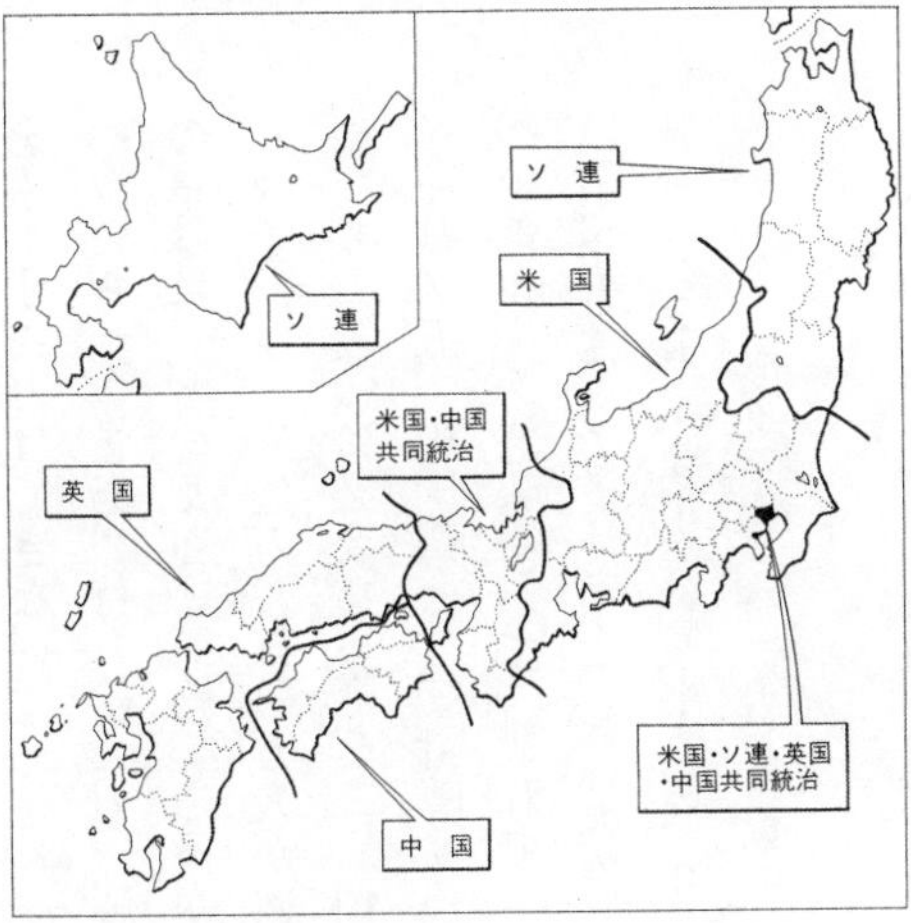

図序－1　日本分割占領地図
玉井勇夫ほか『NHK 日本の戦後取材記〈上〉　日本分割』
学習研究社、1978年、71頁

を手離すことはできない。

ベッセル　まあ、待ち給え、一応この案を前提にしての話だが、これでアメリカの軍隊は、どのくらい節約できるかね？

ハッチン　五〇万、五〇万人が家に帰れることになります。（席にもどりながら）つまり、占領に必要な軍隊を二三個師団として、アメリカ八個師団、ソビエト六、イギリス五、中国四として計算すると、五〇万節約出来るというわけです。

ベッセル　（うなずいて）これで、アメリカ世論も納得するだろう[1]。

〔引用者注　アメリカ軍の統合戦争計画委員会における議論を再現したもの。ウィリアム・ベッセル陸軍准将を中心に、リッツェンバーグ海兵隊大佐、マクニクル陸軍大佐、リッグス海軍大佐、ハッチン陸軍中佐が参加した〕

分割統治の狙いはアメリカ軍の負担軽減を図ることにあった。結局、トルーマン大統領がアメリカによる単独占領の方針を示したため、この計画は幻に終わる。

「歴史にｉｆは禁物だ」と言われる。ありえたかもしれないニッポン分断について考えることを無意味だと感じる人もいるだろう。しかし歴史が変われば、その延長線上にある「今」もひょっとしたら別の形になっていたかもしれない。私たちが暮らすこの社会もひょっとしたら別の様相を見せていたかもしれない。本書では、この「ひょっとしたら」という感覚にこだわってみたい。

当時の国際情勢を考えれば、四か国による分割統治の実現可能性は極めて低かった。しかし、北海道がソ連に侵攻され、北海道や東北の一部が「日本人民共和国」として分離独立を果たす「もう一つの歴史」は十分に起こりえた。その場合、「国境」管理が厳重になされていただろうから、東京の人と北海道の人が出会うのは難しかったはずだ。あなたの両親や祖父母のいずれかが北海道や東北の出身であったとしたら、あなたはこの世に生まれていなかったかもしれない。

分断国家ニッポンのシミュレーションは、私たちが当たり前と思ってきた思考の枠組みを大きく揺さぶる。にもかかわらず、これまで注目されてこなかったのはなぜなのか。

「上向き」と「下向き」の反実仮想

「もしもあの時」という思考方法は、事実に反する結果を仮想（＝想定）するので反実仮想と呼ばれる。この反実仮想には二つの種類が存在する。たとえば、「学生時代にもっと勉強しておけばよかった」と、今よりも良い人生を想像するのが「上向きの反実仮想」だ。それとは逆に、「あの時、別の会社に就職しなくてよかった」と、今よりも悪い人生を想像するのが「下向きの反実仮想」だ。私は前著『もしもあの時』の社会学歴史にｉｆがあったなら』（筑摩選書、２０１８年）で、自分の人生がまったく別のものになっていた可能性から始めて、ありえたかもしれない「もう一つの歴史」に思いを馳せてみることを提案した。

興味深いことに、太平洋戦争に関する「歴史のｉｆ」は、「上向きの反実仮想」がほとんどであった。１９９０年代の日本では、太平洋戦争を題材とした架空戦記が爆発的なヒットを記録し、「あの時、日本軍が別の戦略を取っていたら」「あの時、新兵器が開発されていたら」といったｉｆ物語が量産された。特に人気を集めたのが、荒巻義雄『紺碧の艦隊』（１９９０―９６年）や『旭日の艦隊』（１９９２―９６年）、佐藤大輔『レッドサン　ブラッククロス』（１９９３年―未完）といった、日本がアメリカやナチス・ドイツと互角に渡り合う物語であった［図序‐２］。こうした架空戦記の影響もあり、日本にとって都合の良い歴史改変を「歴史のｉｆ」だと誤解する人も少なくない。時には歴史修正主義と混同されることもあった。

だが、本来であれば「歴史のｉｆ」と歴史修正主義は似て非なるものだ。たとえば、１９９６年に結成された「新しい歴史教科書をつくる会」は既存の歴史教科書を自虐史観だと批判し、「南京大虐殺はなかった」といった歴史解釈を示した。こうした主張は、学術的な証拠に裏づけられた既存の歴史学を否定するものであり、歴史修正主義だと批判された。歴史教科書をめぐる論争においては、真実（＝「真」）か偽物（＝「偽」）が争われ、両者の中間領域（＝グレーゾーン）に議論が落ち着くことはなかった。相手の主張を認めたり、自分たちの主張を曲げたりする場面もほとんど見られなかった。

図序－２　佐藤大輔『レッドサン　ブラッククロスⅠ』中央公論新社、2020年（愛蔵版）
日本（日の丸＝レッドサン）とナチス・ドイツ（鉤十字＝ブラッククロス）が第三次世界大戦を戦う物語

「歴史のｉｆ」では、そうした二項対立的な論争は発生しない。「歴史のｉｆ」は、「起こったこと」と「起こらなかったこと」の間にある「起こりえたこと」を対象とするからだ。「起こったこと」を「真」、「起こらなかったこと」を「偽」とすれば、

「もう一つの歴史」は「偽」であるという前提で議論が行われる。ただし、その中には、完全な「偽」も存在すれば、「真」になる可能性が極めて高かった「偽」も存在する。「歴史のｉｆ」の本来の姿は、「真」と「偽」の中間領域において、「真」に限りなく近かった「もう一つの歴史」を見定めるところにある。

このように歴史修正主義と「歴史のｉｆ」は、水と油ほどに異なる性質を持つ。しかし、水と油がよく混ぜれば混ざらないこともないように、両者の特質は時として重なり合う。それが「上向きの反実仮想」なのだ。太平洋戦争で日本が勝利していたｉｆのように、望ましい「もう一つの歴史」を検討する作業には、「偽」を「真」にすり替えようとする思惑や誘惑がつきまとう。「〇〇であったかもしれない」という反実仮想が、いつの間にか「〇〇であってほしかった」「〇〇であったはずだ」と自らの欲望を満たす手段に成り下がってしまう。こうした「上向きの反実仮想」の特徴が歴史修正主義との境目を曖昧にしてきた。

注意しなければならないのは、歴史を「上向き」に捉える発想が、平和主義的な考えを持つ人にも支持されてきたことだ。「もしも日本がハワイ真珠湾に奇襲攻撃を仕掛けなかったら」「もしも日本がミッドウェー海戦で敗北を認めていたら」といったシミュレーションでは、沖縄の殲滅戦、広島・長崎への原爆投下、アジア諸国の甚大な被害を回避できた可能性が示されてきた。

歴史を「上向き」に捉えようとする人びとに共通する特徴は、「ありえたかもしれない戦後」をセットで考えていない点だ。日本が戦争に勝ったとしても、あるいは平和的な解決方法を見つけたとしても、「戦後」の繁栄が約束されていたわけではない。「上向きの反実仮想」を支持する人たちは、この点をどのように考えているのだろうか。

政治学者の五百旗頭《いおきべ》真《まこと》は、国内で政変などが起き、1941年12月8日に日本がハワイ真珠湾への攻撃を行わなかったifについて論じている。これも、日米開戦が直前で回避された平和主義的なifと言えるだろう。ただし五百旗頭は「その後」についても言及している。1941年12月上旬というタイミングを逃すと、日本はヨーロッパ戦線におけるドイツ敗退のニュースを知らされる。同盟国ドイツの躍進を前提としていた日本の東アジア戦略は、これにより方針転換を迫られたはずだ。日本がさらなる侵略の意志を示さなければ、アメリカは戦争に踏み切る理由がなくなる。つまり、スペインのフランコ政権と同じように、第二次世界大戦に中立を貫く選択肢（＝「スペイン・オプション」）が残されていたというわけだ（日中戦争の解決という難題についても、日米間で

図序-3　小だまたけし『平成COMPLEX 1』少年画報社、2006年
『平成イリュージョン』（メディアワークス、2000年）をリメイクした作品である

何らかの合意は可能なものとする)。

その場合にたどりえた「戦後」のコースを、五百旗頭は次のように予測している。日本はアメリカと良好な関係を維持しつつ、冷戦構造の中で脱権威主義の過程を歩む。ただし、民主化は遅れ、軍事政権や植民地といった負の遺産が、戦後の高度経済成長を妨げた可能性もある。五百旗頭はこの「スペイン・オプション」について、「戦後の日本国民にとって実際よりも幸せであったか不幸であったかは、にわかに判断することはできない」と評価を保留している[2]。

別の形で日本の「戦後」を描いた作品もある。小だまたけしの漫画『平成イリュージョン』（２０００年）と『平成ＣＯＭＰＬＥＸ１』（２００６年）だ。この作品世界では、１９３１年９月の満州事変後に日本は欧米諸国との関係を断ち、経済封鎖や軍事的挑発にひたすら耐え続ける。その結果、軍事政権が残り、史実のような経済発展をしなかった「もう一つの平成」時代がやってくる［図序‐3］。

日本が軍事国家であり続けた場合も、戦後の高度経済成長は達成可能だと考える人もいるだろう。さまざまなデータを用いて、できるかぎり客観的な視点から「もう一つの歴史」を検証する作業は重要だ。しかし反実仮想は、それを試みる者の価値観や願望が入り込みやすい。バブル期の高揚感が1990年代の架空戦記ブームを生んだように、深刻な経済危機にいつか直面した時、日本が軍事国家の道を歩み続けていれば、順調な経済発展を遂げる21世紀日本の姿がありえたとする新たな「上向きの反実仮想」を呼び込みかねない。

「起こりえたこと」を明らかにする反実仮想の本来の役割に立ち返るのであれば、やはり「上向きの反実仮想」だけではなく、史実よりも悪いことが起こる「下向きの反実仮想」にも光が当てられるべきなのだ。

ニッポン分断という「仮想戦後」

本書が主たる分析対象とするのは、ニッポン分断を描いたフィクション（＝「ニッポン分断もの」）である。ありえたかもしれない「もう一つの歴史」は史実ではないのだから、分断国家ニッポンの政治、経済、社会、文化を探るヒントは、フィクションの中の記述に求めるしかない。

「ニッポン分断もの」の代表作は、今もファンの間で根強い人気を誇る佐藤大輔『征途』[*35]（1993―94年）だ（＊35等は巻末の一覧表と対応する）。『征途』の世界では、戦艦大和の活躍によって日本が1944年のレイテ沖海戦で「勝利」を収める。しかし皮肉なことに、この歴史改変は北海道を南北に分断する結果を招いてしまう。先述の『レッドサン　ブラッククロス』の著者でもある佐藤は、日本が勝利する「上向きの反実仮想」が量産される状況に危機感を持っていたようだ。

分断国家ニッポンの様子は漫画やアニメーションでも描かれ、新海誠の映画《雲のむこう、約束の場所》[*52]（2004年）では、津軽海峡が分断線となっている。分断国家のイメージが湧かない方には、池田邦彦の漫画『国境のエミーリャ』[*81]（2019年―）がおすすめだ［図序・4］。1962年の分断都市・東京が舞台となっており、十月革命駅（旧・上野駅）の人民食堂で働く主人公は、西側への亡命を手助けするプロの「脱出請負人」として暗躍する。

これらの作品では、分断後の「もう一つのニッポン」を舞台として、分断線をめぐる政治的・軍事的な攻防、数奇な運命をたどる越境者たち、生き別れになった家族たちの物語などが描かれる。本書では、こうした想像上の戦後（史）を「仮想戦後」と呼ぶことにしたい。

図序－4　池田邦彦『国境のエミーリャ』第１巻（小学館、2020年）の表紙（左）と分断地図（下）「"可能性としての東京"を描く仮想戦後活劇、ここに開幕!!」（第１巻裏表紙）。地図は第１巻の12頁

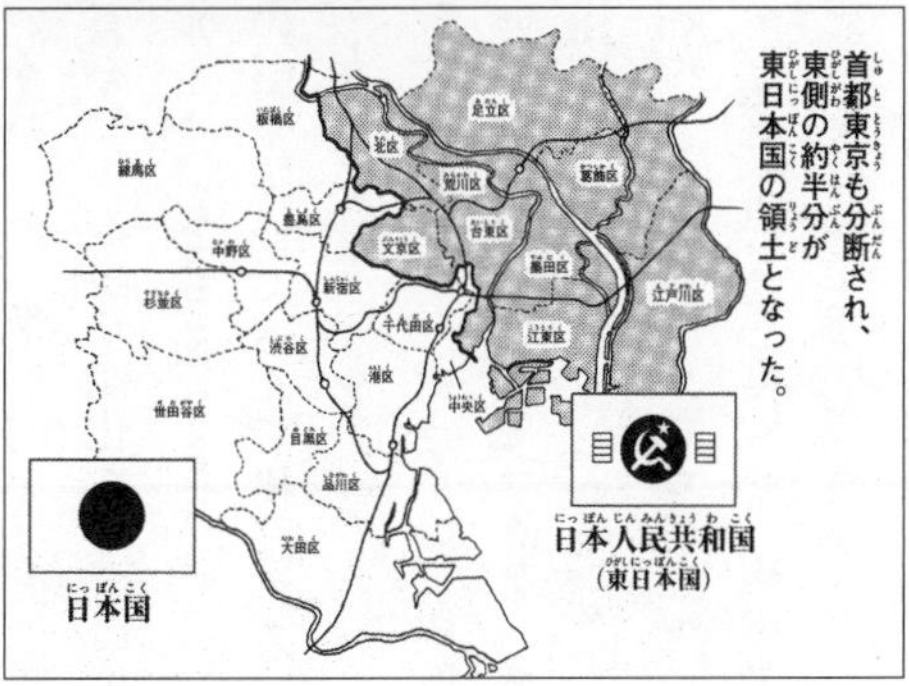

残念なことに「仮想戦後」の記述は、学術的な考察に耐えうるものではない。ただ、海外では、「歴史のｉｆ」を学問分野の一つとして位置づける試みがなされている。「客観的な歴史」に少しでも近づけるために、「歴史のｉｆ」を活用

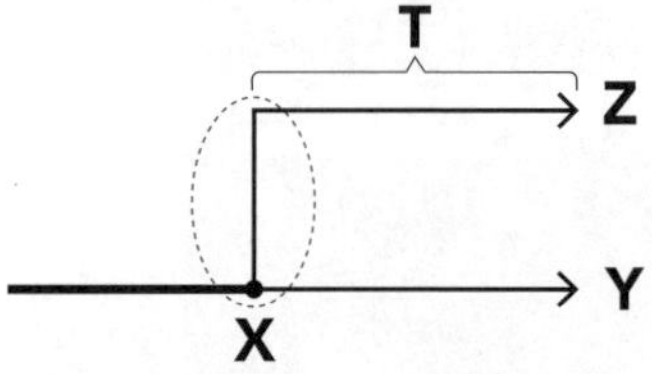

図序 - 5　「歴史の if」の分岐点

しようというわけだ。学術的な反実仮想を判断する基準の中には、歴史的事実をできる限り変化させずに思考実験を行う「最小限の書き直しルール（minimal-rewrite rule）」や、出来事の原因と結果を最小限の因果関係で結んで検証する「近接性の基準（proximity criterion）」も含まれている。[3]

［図序 - 5］をご覧いただきたい。実際の歴史をY、ありえたかもしれない「もう一つの歴史」をZ、分岐点をXとしよう。日本が分断されていた「もう一つの歴史」（Z）を考える際、東西の分断線がいつ、どこに引かれたのかといった問題は、ある程度は「答え」を導き出すことができる。分岐点Xに近い「点線の丸印」の範囲に属する問題なので、「実際の歴史」（Y）の史料や記録を参照できるからだ。しかし、分岐点から派生した「もう一つの歴史」（Z）の時間（T）が経過すればするほど、反実仮想の正確性は失われてしまう。つまり、ニッポン分断が政治、経済、社会、文化に及ぼす影響といった長期的な視点を必要とする問題は、学術的な根拠を示すのが難しくなる。当然のことではあるが、物語《フィクション》としての文学的価値と学術性の担保は両立しえない。

それでも本書が「仮想戦後」に焦点を当てるのは、「ニッポン分断もの」の分析が私たちの固定観念を解きほぐす可能性があると考えるからだ。以下では、「仮想戦後」のシミュレーションが思考の起動装置として果たす役割について考えてみたい。

「戦後」が終わらない国？

ウェブ上には、「歴史のｉｆ」を題材とした作品を集めた「ユークロニア（Uchronia: The Alternate History List）」（http://www.uchronia.net/intro.html）という英文サイトがある。ここには、３４００を超える作品の書誌データ——書名、著者名、刊行年、作品の概要、論文集やアンソロジーの場合は収録作のタイトルなど（ただし紙媒体のみ）——が掲載されている。

このサイトを使って「年代別の分岐点（Divergence Chronology）」を調べてみると、欧米でも第二次世界大戦、特にヒトラーに関連する作品の人気が高いことがわかる。ただし、キューバ危機（１９６２年）、ケネディ暗殺（６３年）、ベトナム戦争（６５－７５年）、ウォーターゲート事件（７２年）、僅差のアメリカ大統領選（２０００年）、９・11（０１年）、最近ではイギリスのＥＵ離脱（１６－２０年）なども検討されており、欧米では「仮想戦後」の議論が活発に行われてきた様子がうかがえる。

これに対して日本の「歴史のｉｆ」は、太平洋戦争（第二次世界大戦）一点張りである。架空戦記ブームの真っ只中に刊行されたスタジオ・ハード編著『架空戦記スペシャルガイド』（１９９５年）によると、第二次世界大戦を中心に扱った架空戦記だけで１５０タイトルもの作品が量産されたという。[4] 大日本帝国が戦後も存続した世界を描いた作品はあっても、戦後日本のターニングポイントに焦点を当てた作品はほとんど存在しない。

［図序‐６］は、ＮＨＫが２０１４年に行った「戦後70年に関する意識調査」の結果である。全部で22項目の中から「日本の社会に大きな影響を与えたこと」を三つまで選んでもらう調査であり、「東日本大震災・福島第一原発事故」（55・０％）、「バブル経済とその崩壊」（41・４％）、「高度経済成長」（40・１％）が上位を占めている。今、同じ調査を行えば、２０２０年から始まった新型コロナウイルス騒動が多くの数字を獲得するであろう。

これらのターニングポイントにおいて、偶発的な事象が起こったり、当時の人たちの選択が異なるものであったりしたら、どのような事態が起こりえたのか。その後の国のかたちはどうなっていたのか。こうした点に注目した「仮想戦後」はなかなか見当たらない。

その一方で、日本人が「戦後」という言葉や概念に固執してきたのも事実だ。たとえ

	(年)	(%)
天皇の「人間宣言」	1946	9.0
日本国憲法公布	1946	24.1
サンフランシスコ講和条約調印	1951	4.2
日米安保条約調印	1951	11.0
自衛隊創設	1954	2.3
高度経済成長	1954－	40.1
自民党結党・55年体制始まる	1955	1.4
安保闘争	1959－	1.6
東京オリンピック	1964	30.2
学生運動	1968－	1.8
大阪万博	1970	4.7
沖縄本土復帰	1972	7.8
石油ショック	1973・79	11.3
ロッキード事件	1976－	1.7
バブル経済とその崩壊	1986－	41.4
昭和天皇崩御	1989	3.1
東西冷戦終結	1989－	2.8
55年体制崩壊	1993	1.1
阪神・淡路大震災	1995	15.5
地下鉄サリン事件など一連のオウム真理教事件	1995	19.2
リーマンショック	2008	9.8
東日本大震災・福島第一原発事故	2011	55.0

図序－6　日本の社会に大きな影響を与えた出来事

荒牧央、小林利行「世論調査でみる日本人の「戦後」～「戦後70年に関する意識調査」の結果から～」『放送研究と調査』2015年８月号、14頁の表（第４問）をもとに作成

ば、歴史学者のキャロル・グラックは、他国では「終戦〇〇年」や「現代」といった区分がなされるのに対して、日本では一貫して「戦後〇〇年」という表現が使われてきた点に注目する。平和憲法に守られ、高度成長によって豊かな生活を手に入れた日本人の保守性が「戦後」という独特の経年感覚に現れているとして、グラックは次のように述べている。「「戦後」というのは、それを捨て去ると、システム全体が問いかけにさらされることになる、魔除けのお札だったのかもしれない」[5]。

太平洋戦争に関しては「もっと別の道がありえた」と考えられるのに、戦後の問題になると「この道しかなかった」という決定論的思考に陥る。「戦後」という言葉には固執するのに、「歴史のｉｆ」ではそれがほとんど議論されない。いずれも矛盾しているように見えるが、そうではない。「戦後」と呼ばれる時期を客観視できていないので、「他でもありえたかもしれない」という偶有性の感覚が浮びあがってこないのだ。

「戦後」神話を解体するための具体的な提案もなされてきた。たとえば、メディア史を専門とする佐藤卓己は『八月十五日の神話』（２００５年）で、ラジオ（玉音放送）を軸とした内向きの記憶によって「戦後」がスタートしたことに着目し、終戦記念日を「戦没者追悼の日」（8月15日）と「平和祈念の日」（9月2日）の二つに分ける案を提唱している。起点となる日を一度解体し、保守と革新の両陣営から支持されてきた「戦後」パラダイムからの脱構築を目指す試みである。[6]

政治学者の御厨貴《みくりやたかし》は、2011年の東日本大震災後の世界を「災後」と位置づけた。三・一一の東日本大震災の勃発によって、この国の長い長い「戦後」に終止符が打たれ、新たに「災後」の時代が始まった。我々はようやく、六五年間にも及んだ「戦後」と決別する時を迎えた。この国の政治・経済・社会そして文化、ありとあらゆるモノが変容の萌を見せ、現実に変貌をとげ始めている。[7]

度重なる地震や台風などの自然災害を思い浮かべれば、2011年以後の世界を定義づける上で「災後」という概念は有効だ。2020年に人類は新型コロナウイルスという新たな「災い」に直面しており、終わりなき「災後」スパイラルの時代に突入したと言えるのかもしれない。佐藤卓己は、「戦後」「災後」の次に来るものとして、「AC（アフターコロナ）」を位置づけている。「BC（コロナ前）／AC（コロナ後）」は、「戦前／戦後を大きく上回る社会変化をもたらす」可能性があるというわけだ。[8]

いずれもポスト「戦後」を見据えた重要な提案であるが、１９４５年から２０１１年あるいは２０２０年までの間に、戦争や３・11あるいは新型コロナウイルスの厄災に匹敵する危機が存在しなかったという誤解も招きやすい。

本書では、戦後史に「分断」という補助線を一本引き、この間に起こりえたニッポン分断の危機に注目する。１９４５年以外にもニッポン分断の危機は起こりえた。そのような視点で戦後史を眺めた時、私たちの思考にどのような変化が生じるのだろうか。

本書が扱う「ニッポン分断もの」の定義は、日本の東西分断（あるいは南北分断）のみならず、その一部あるいは全部が占領あるいは分断される言説を含む。対象とするのは、書籍として刊行された作品、映画やテレビなどの映像作品とする。ゲーム、オンライン小説、動画配信サービスのオリジナル作品、同人誌の作品、演劇などは、網羅的な分析が難しいので対象外とした。書籍化されたゲームのノベライズ本（小説）は取り上げている。

具体的な作品に触れながら、本書の方針について明確にしておきたい。たとえば、日本全体がソ連に占領された様子を描いた小林信彦の短篇「サモワール・メモワール」[*17]（１９８２年）は、厳密な意味での「ニッポン分断もの」でないかもしれないが、日本の一部がソ連占領下に入った場合のシミュレーションにもなるので、本書では扱うこととした。日本にソ連の傀儡政権が樹立した場合を描いた井沢元彦『小説「日本」人民共和国』[*44]（1995年）も同様の理由で分析対象に含めた。

一方で、日本がドイツに占領された「仮想戦後」を描いた押井守の「ケルベロス・サーガ」シリーズ（アニメ映画《人狼 JIN-ROH》2000年など）は、ニッポン分断を直接描いた作品ではなく、史実と照らし合わせた時に、ドイツが日本の分割統治に関与した可能性は極めて低いので、分析対象には加えていない。日本全体が他国に占領されてしまう（あるいはそれに類する）物語で分析対象としたのは、「サモワール・メモワール」や『小説「日本」人民共和国』など数点のみとした。対象を広げすぎると、ニッポン分断とはまったく関係のない作品を含むことになってしまうからだ。

他にも、以下のような作品は分析の対象外とした。

・太平洋戦争以前、あるいは太平洋戦争中のニッポン分断をモチーフとし、戦後の記述がほとんどなされていない作品（羅門祐人『蒼茫の海　流浪の連合艦隊』2002―04年、遥《はるか》士《し》伸《のぶ》『超機密自衛隊』2010年など）。

・「北」といった名称は登場するものの、境界線（分断線）が明記されていないなど、分断国家としての設定が弱い作品（秋山瑞人『イリヤの空、UFOの夏』2001―03年、『椎名誠〔北政府〕コレクション』2019年など）。

本書の分析対象には、明確な分断線が描かれていない作品も含まれるので、厳密な線引きは難しい。「仮想戦後」の提示を目的とする本書の趣旨を理解していただければ幸いである。

右のような基準を用いて「ニッポン分断もの」の分析を行うと、大きな壁にぶつかる。日本では太平洋戦争を分岐点とした「歴史のｉｆ」が大半を占めるため、太平洋戦争を発端とした「仮想戦後」を明らかにできても、戦後全体（1945年から現在まで）の分断危機を見落とすことになってしまう。

そこで本書では、「ありえたかもしれない過去」だけではなく、「ありえるかもしれない未来」として、ニッポン分断が繰り返し描かれてきた点に注目したい。冷戦期には、佐瀬稔『北海道の十一日戦争』[*6]（1978年）や岩野正隆『北海道占領さる！』[*11]（1980年）といったソ連の脅威をモチーフとした未来戦記が刊行された。1990年代以降も東アジアの地政学的な不確定要素が高まる中で、中国や北朝鮮と戦争状態に入る未来戦記も描かれている。たとえば、村上龍『半島を出よ』[*53]（２００５年）は、北朝鮮の反乱軍に福岡が占領される様子を描き、多くの読者を獲得した。本書では、これらの未来形で描かれた作品にも光を当て、戦後のターニングポイントにおいて、日本が分断国家となりえた可能性について検討する。

ただし今回は、北海道、本州、四国、九州、沖縄本島の分断を扱った作品を主に取り上げる。尖閣諸島や竹島などをモチーフとした架空戦記は扱わないことにする（北方領土に日本群島人民共和国が建設される山田正紀『影の艦隊』[*34]〔１９９２―９５年〕のみ例外的に加えた）。

「下向きの反実仮想」の効用

分断という言葉を聞いて、エリートと非エリートの格差、アメリカで深刻化する保守とリベラルの軋轢、ソーシャルメディアがもたらす集団分極化などを思い浮かべる人が多いはずだ。新型コロナウイルスの脅威は年齢、職種、地域ごとの対立を表面化させ、国民の安心安全、経済振興策、オリンピック開催のどれを優先させるべきかで意見も割れている。

分断が論壇の最重要課題となっているのは間違いない。しかし、メディアで展開される分断言説は、格差や分極化といったイメージが先行し、分断について語ることが、「私（たち）／彼・彼女（ら）」といった新たな分断を招く悪循環に陥っているようにも思える。本書では、そういった二項対立的な議論を避けるために、ありえたかもしれないニッポン分断の思考実験に着目する。

国が二分割あるいは四分割される恐れのあった敗戦後の分断危機の方が、今よりもはるかに深刻度が高かった。そうした開き直りというか相対的な思考も時には必要であろう。中途半端な分断ではなく徹底的な分断、現実の分断ではなくイマジネーションの中の分断について考えることで見えてくるものもあるはずだ。仮想ニッポンの「ありえたかもしれない分断」の特徴は、「私（たち）」も「彼・彼女（ら）」も分断の脅威に等しく晒されるところにある。この思考実験は、地震や新型コロナウイルスといった厄災がもたらすのと同じ危機感を私たちに疑似体験させてくれる。

ニッポン分断という「下向きの反実仮想」に対して、ネガティブなイメージを持つ人もいるだろう。誰だって母国が分断される物語を目にしたくはない。しかし、心理学の分野では、「下向きの反実仮想」は「今」という瞬間の大切さに気づかせてくれる思考方法として注目されている。

たとえば、オリンピックの表彰台を思い浮かべてほしい。銀メダリストが悔し涙を流すのを傍目に、銅メダリストが安堵の表情を浮かべる。こんなシーンをよく見かけないだろうか。これは、銀メダリストが「もうちょっとで金メダルが取れたかもしれない」と「上向きの反実仮想」を行うのに対して、銅メダリストは「もしかすると、メダルは取れなかったかもしれない」と「下向きの反実仮想」を行うからだ。ベクトルの異なる思考回路によって、客観的には劣った成績であるにもかかわらず、銅メダリストの方が結果に満足しやすくなるのだ[9]。

本書が考えたいのも、ニッポン分断という「下向きの反実仮想」が持つ効用だ。それは大きく分けて三つ存在すると考えている。

一つ目は、みんなで議論がしやすいという点だ。あの時代の「日本（人）はすごかった」といった「上向き」の議論には眉を顰《ひそ》める人も、日本の分断危機を検討する「下向き」の議論には積極的に参加できるだろう。分断国家いう最悪のシナリオにならなかった理由を分析することになるので、「日本（人）はすごかった」と考える人にも門戸は開かれている。ニッポン分断の思考実験は、「私（たち）／彼・彼女（ら）」といった区分を超え、未来志向の議論へとつながっていく。極端な形の分断について考えることは、分断を防ぎ、連帯を促す可能性を秘めているのだ。

二つ目は、本書の核心となる論点であるが、「戦後」概念の再検討につながる点だ。これまでは太平洋戦争という各世代に共通する経験があって、その記憶をもとにした社会が形成されてきた。戦争を知らない世代が増えても、戦争体験者が一定の割合を占める中では、そうした枠組みが大きく揺らぐことはなかった。しかし、これから「戦後80年」「戦後90年」「戦後１００年」を迎えるにあたって、「戦争の記憶」をめぐる分断はより深刻なものになっていくだろう。最近も、特に若者の間で過去の戦争を肯定的に捉えるツイートや「いいね」が増えていると報じられた。[10] 戦争観／平和観の世代間ギャップが広まる中で、「ありえたかもしれないニッポン分断」の反実仮想は、太平洋戦争の記憶に代わる新たな新機軸を打ち出す可能性を秘めている。

三つ目は、人類が未曽有の危機に直面した時に、希望を見出す方法についてヒントを与えてくれる点だ。「ニッポン分断もの」には、徹底的な破壊を伴うような状態から、いかにして希望を見出すのかを描いた作品も少なくない。それは、「にもかかわらずの希望」と言ってよいだろう。これを書いている現在、私たちの世界では、新型コロナウイルスという脅威を前にして、社会のさまざまな綻びが生じつつある。それは新しい価値観が生まれるチャンスでもあるわけだが、異常な状況が続いていく中で、「善」と言えるものを新たに生み出していく過程は想像以上の困難を伴うことになるだろう。「ニッポン分断もの」が描き出す「にもかかわらずの希望」は、そうした時の道標となってくれるはずだ。

厄災が次々と襲い掛かってくる「災後」の時代、あるいは「AC（アフターコロナ）」の時代においては、「ニッポン分断もの」で描かれた「分断」思考が役に立つ場面が必ず来るだろう。「分断」思考は、20世紀の冷戦構造の産物などでは決してなく、21世紀の現代だからこそ考える価値のある問題なのだ。

章立ては以下のとおりとなる。

第1章「終戦――日本のターニングポイント」では、1945年8月15日の宮城事件に注目し、終戦に至るプロセスが薄氷を踏むような危うさの上に成り立っていたことを確認する。8月15日以後の北海道をめぐるアメリカとソ連のかけ引きにも着目し、ありえたかもしれない北海道分割統治の可能性に焦点を当てる。

第2章「東西冷戦下の仮想地図」では、1970年代から80年代にかけての冷戦期に描かれた「ニッポン分断もの」に着目し、分断国家ニッポンのイメージが立ち上がっていく様子を確認する。井上ひさし『一分《いちぶん》ノ一《いち》』[*20]（1986年—未完）や小林信彦「サモワール・メモワール」（1982年）といった「ニッポン分断もの」の傑作を取り上げ、「戦後」の枠組みを問い直すための思考実験として分断国家の発想が果たす役割を明らかにする。

第3章「ポスト冷戦期の「分断後論」」では、1990年代の架空戦記ブームの時に刊行された作品と、2000年代以降に刊行された作品を比較検討する。それによって、「ニッポン分断もの」が「分断後論」という新たな思考の枠組みを提示しうることを確認していく。

第4章「共産化する「仮想未来」」では、「ニッポン分断もの」を広義に解釈し、日本が共産主義陣営に取り込まれる未来を警戒する言説や、北海道がソ連に占領される未来小説を分析対象とする。戦後史の中の「ありうるかもしれない未来」（＝「仮想未来」）の分断に注目し、それを「ありえたかもしれない過去」（＝「仮想戦後」）へと転換させることができれば、私たちの思考の幅は広がるだろう。

第5章「独立国家論」では、独立国家をモチーフとしたフィクションである「独立国家もの」や実際に提唱された「独立国家論」を取り上げる。「分断」と「独立」の厳密な分類は難しいが、「独立国家もの／独立国家論」も「ニッポン分断もの」と同じように、戦後のターニングポイントを明らかにするヒントを与えてくれるのだろうか。

終章「「分断」を抱きしめて」では、「ありえたかもしれない過去」を「ありうるかもしれない未来」へと連結させる思考方法を取り上げ、「ありうるかもしれない未来」について考える手段として、近未来のニッポン分断をモチーフとした作品に着目する。

※本書では、議論の必要上、やむをえず作品の結論部分や中核となるアイディアに触れている箇所もある。こうした「ネタバレ」に関しては、その都度注意を促すことはしていない。ご了承いただければ幸いである。

※巻末には、「ニッポン分断もの」の一覧表と「独立国家もの／独立国家論」の一覧表を付けた。「ニッポン分断もの」は、先述の基準にあてはまる作品は、できる限りすべての作品を

掲載した（通し番号あり）。一方で「独立国家もの／独立国家論」は、数が多いので、本書で言及した作品のみを表にまとめた（通し番号無し）。たとえば、榊涼介『ガンパレード・マーチ２Ｋ　北海道独立』（２０１１年）は「独立国家もの／独立国家論」に分類できるが、本書では特に言及していないので、表には掲載していない。

第1章　終戦――日本のターニングポイント

宮城事件（八・一五事件）

「ニッポン分断もの」には、太平洋戦争における分断を扱った作品が多い。本書の目的は、太平洋戦争以外を分岐点とした「仮想戦後」の考察であるが、本章では、１９４５年時点におけるニッポン分断の可能性について確認しておきたい。

もしも１９４５年８月15日に太平洋戦争が終戦となっていなければ、どのようなことが起こりえたのか――。この「歴史のｉｆ」を題材としたのが、ＳＦ作家・小松左京の短篇小説「地には平和を」（１９６３年）である。２０１９年７月に放送されたＮＨＫ《１００分ｄｅ名著》の「小松左京スペシャル」（ゲスト講師・宮崎哲弥）でも、「地には平和を」が最初に取り上げられていた［図1-1］。

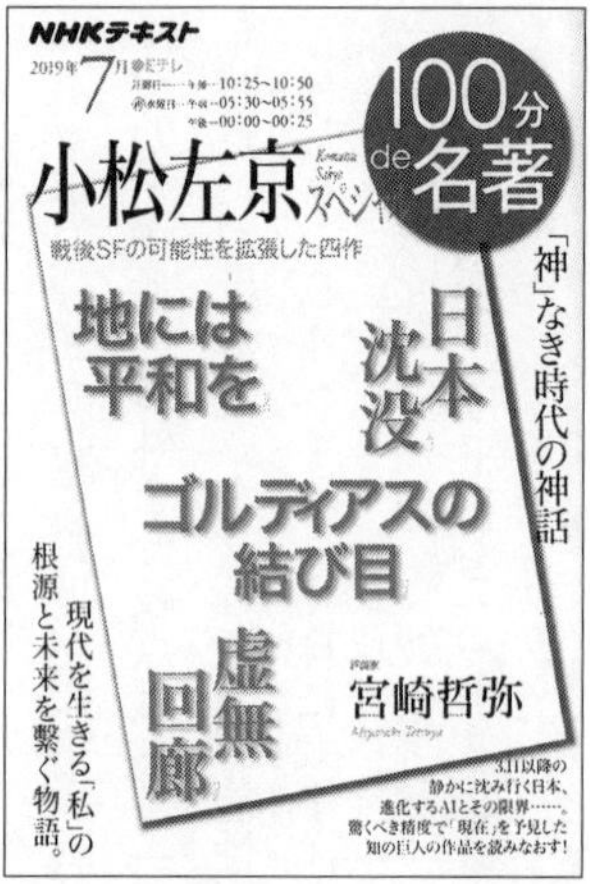

図1-1 『NHKテキスト 100分de名著 小松左京スペシャル』(2019年)

小松が描いた「もう一つの世界」では、広島に投下された原爆が不発に終わり、8月15日の玉音放送も中止された。内閣総理大臣・鈴木貫太郎をはじめ、ポツダム宣言受諾を認める「和平派」の大臣が、クーデタによって殺害されてしまったからだ。新しい内閣総理大臣には、本土決戦を主張した陸軍大臣の阿南《あなみ》惟幾《これちか》が選出され、日本は徹底抗戦の道を選択する。8月16日には空襲が再開され、9月上旬には連合国軍による本土上陸作戦が開始された。10月になっても戦争は依然として続いている——。

「地には平和を」のすごさは、ありえたかもしれない「もう一つの歴史」を的確に捉えた点にある。実際に起こっていない出来事を「的確に捉えた」と評するのは奇妙に聞こえるかもしれないが、阿南を中心とした新内閣の発足は、条件次第では、本当に実現していた可能性のあった「もう一つの歴史」なのだ。

たとえば、宮内庁の公式記録『昭和天皇実録　第九』（２０１６年）の１９４５年８月14日の項目を確認してみよう。この日、天皇臨席の下で重要な国策を決める御前会議が開催され、終戦の決断が下された。

> 前夜〔引用者注　8月13日夜〕、陸軍大臣阿南惟幾は軍事課長荒尾興功ほか陸軍将校五名よりクーデター計画を聴取し、その決行につき具申を受ける。この日午前七時、阿南陸相は荒尾軍事課長と共に梅津参謀総長に対し、本日午前十時より開催予定の御前会議の際、隣室まで押しかけ、侍従武官をして天皇を御居間に案内せしめ、他を監禁せんとするクーデター計画兵力使用第一案の決行につき同意を求めるが、参謀総長は宮城内に兵を動かすことを非難し、全面的に反対する。[1]

ここには、ものすごいことが書かれている。陸軍大臣の阿南が「和平派」の閣僚らを監禁するクーデター計画を了承したものの、参謀総長の梅津《うめづ》美治郎《よしじろう》に反対されたというのだ。

『昭和天皇実録』の出典には未公開資料が含まれており、右の記述の根拠は不明だ（阿南が曖昧な態度を示したという証言は存在する。註3を参照のこと）。資料の裏付けという点から疑問は残るが、時の陸軍大臣がクーデタ計画を了承していたとすれば、ありえたかもしれない「もう一つの歴史」の実現可能性を考えた時に大きな意味を持つ。

『昭和天皇実録』の8月15日の項目も見てみよう。

> 陸軍省軍務課員らを中心とする一部の陸軍将校は、ポツダム宣言受諾の聖断撤回のため、近衛師団を以て宮城と外部との交通・通信を遮断するとともに、東部軍の兵力を以て要人を拘束、放送局等を占拠するクーデター計画兵力使用第二案を立案し、これを実行に移す。[2]

この「クーデター計画兵力使用第二案」が、序章の冒頭でも紹介した宮城事件（八・一五事件）のことを指すとされる。[3]

8月14日の深夜、陸軍省、参謀本部、近衛師団に属する一部の青年将校らは宮城（皇居）を占拠した。反乱軍は、皇居に保管されていた玉音盤――そこには終戦の詔書を読む天皇の声が録音されていた——を探し出し、８月15日の玉音放送を中止させようとした。反乱軍は、説得に応じなかった近衛師団長を刺殺している。彼らの目的は、ポツダム宣言受諾の政府方針を撤回させ、日本の終戦を阻止することにあったが、玉音盤を発見することができずにクーデタは未遂に終わった。宮城事件については、終戦の混乱の中で公的な記録が残されておらず、今も多くの謎が残る。

この事件をモチーフとした映画《日本のいちばん長い日》（１９６７年）を撮った岡本喜八は、雑誌のインタビューで、「一人の将校が天皇のところまでいったらしい。顔を見たら、何もいえなくなってそのまま出て来ちゃったらしい」とも述べている（むろんそんな記録はどこにも残っていない）[4]。単なる玉音盤奪取未遂事件ではなく、三笠宮崇仁《たかひと》親王（昭和天皇の弟）を立て日本を本土決戦に導くクーデタ計画だったという説を唱える人までいる（別宮暖朗『終戦クーデター　近衛師団長殺害事件の謎』並木書房、２０１２年など）。

さまざまな謎が今も消えないが、多数の兵を動かして世間を震撼させた二・二六事件（１９３６年）でさえ宮城の占拠には至っていない事実を鑑みれば、八・一五事件の歴史的な重要性はもっと広く知られてもよいはずだ。

本書がこの事件に注目するのは、日本が分断国家となるのを免れた重要なターニングポイントだと考えるからだ。たとえば、事件当時、情報局総裁を務めていた下村宏（海南）は『終戦秘史』（1950年）で、玉音放送が実施されなかった場合を次のようにシミュレーションしている。

一度終戦の放送に手ちがいが起れば中央に地方に抗戦の気勢が上り、事態の収拾はむつかしくなる。ために終戦が十日、二十日、一ヵ月と遅れるくらいのことは免れない。もしそうなったならばどうであろう。ドイツや朝鮮の二の舞に類した分割占領の事態の発生が絶無とは誰が保証できよう。[5]

下村は玉音放送の考案者なので、自らの功績を強調したかったのだろう。そうした意味合いはあるにせよ、宮城事件の成行き次第では、日本がドイツや朝鮮半島と同じように分割占領されていたという認識が占領期に存在していた点は注目すべきだ。

日本のいちばん長い日

宮城事件に関しては、関係者の取材を綿密に行った大宅壮一編『日本のいちばん長い日』（1965年）が最重要文献である。実際の著者は文藝春秋新社に勤めていた半藤一利であったが、大宅の名前で刊行された。そうした方が売れると判断されたのだろう。半藤は、大宅の遺族の許可を得て決定版を1995年に出版している。

『日本のいちばん長い日』のタイトルは、ノルマンディー上陸作戦を描いた映画《史上最大の作戦（The Longest Day）》（1962年）に由来する。日本の The Longest Day は、8月14日の正午から15日の正午まで、すなわち、終戦の決断が下された御前会議から玉音放送実施までの24時間の記録である。

『日本のいちばん長い日』では、分割占領への言及はないものの、「終戦の詔書案の審議がもっと長引いていたら」という「歴史のｉｆ」が検討されている。8月14日の午後、全大臣が出席した閣議において、終戦の詔書案の審議が行われた。午後5時頃、阿南陸相は文書の中の「戦勢日ニ非ナリ」という表現に難色を示し、個々の戦闘では負けたかもしれないが戦争自体に負けたわけではないと主張した。結局、「戦勢日ニ非ナリ」は「戦局必スシモ好転セス」という表現に修正されたが、もしもこの議論が長引いていたら、終戦のタイミングが後ろにずれ込んでいた可能性もあった。

『日本のいちばん長い日』では、反乱軍が宮城内で玉音盤を探す場面のｉｆも検討されている。陸軍内の不穏な動きを察知し、録音済みの玉音盤は放送局ではなく宮内省で保管されることになった。下村情報局総裁らは反乱軍に捕まってしまうので、もしも下村が玉音盤を預かっていたら簡単に発見されていただろう。幸運だったのは、宮内省庶務課長・筧素彦《かけいもとひこ》が徳川義寛《よしひろ》侍従に玉音盤を預けたことだ。徳川が適切な保管場所に収め、反乱軍の目をごまかすことができた。[6]

　私たちは8月15日の終戦を当たり前のように受け止めている。しかし、終戦に至るプロセスを仔細に確かめてみると、偶然が重なって史実のような結果となったことがよくわかる。本章の冒頭で紹介した小松左京「地には平和を」の「もう一つの歴史」は十分に起こりえたのだ。

　1967年には、映画版《日本のいちばん長い日》（東宝）が公開されている［図1-2］。監督は岡本喜八。黒澤明の《七人の侍》や《羅生門》を手掛けた橋本忍が脚本を担当した。

《日本のいちばん長い日》へのオマージュ作品だと言われるのが、2016年に公開された映画《シン・ゴジラ》（東宝）である。庵野秀明監督は、ゴジラ誕生のキーパーソンである牧悟郎博士（劇中では失踪中という設定）の顔写真に岡本喜八を使用している。[7]

庵野が影響を受けた《日本のいちばん長い日》はどのような映像作品だったのか。まず、約20分に及ぶプロローグから始まる。８月14日正午の御前会議の場面になると、「日本のいちばん長い日」というタイトルバックが突如として登場する。そして、そこから24時間の出来事が詳細に描かれていく。

映画の宣伝に用いられた「緊迫の24時間に激動の12大事件！」には、以下の12の事件が列挙されている［図１‐３］。①軍民決起隊、横浜に結成！　②陸海相の対決、詔書案紛糾す。③厚木基地反乱事件　④児玉飛行隊、悲劇の特攻総出撃！　⑤凄惨！近衛師団長殺害さる！　⑥反乱！近衛師団の皇居不法占拠！　⑦皇居内の玉音盤争奪事件！　⑧反乱軍、ＮＨＫ放送局を占拠！　⑨東部軍、反乱軍鎮圧に出動！　⑩日本最後の将軍、阿南陸相の切腹！　⑪暁の首相邸大襲撃！　⑫青年将校、皇

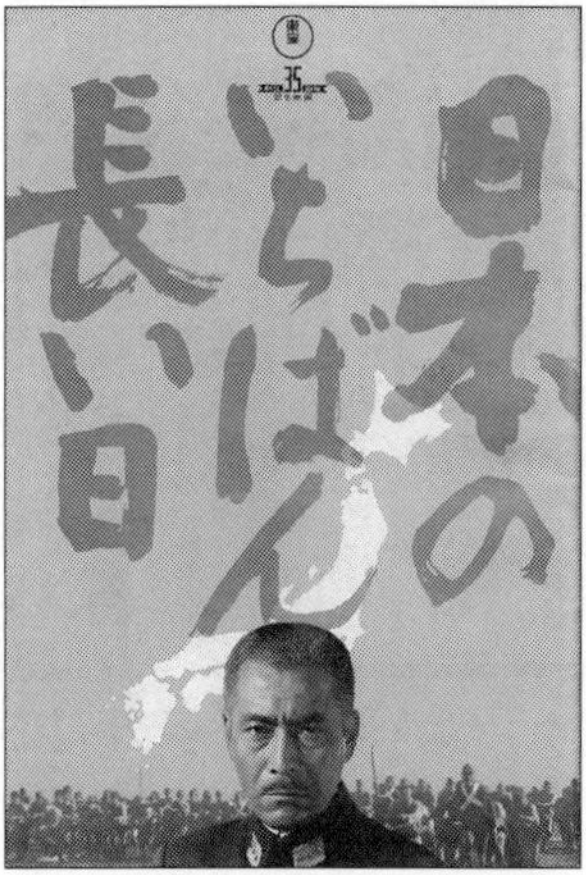

図１‐２　映画《日本のいちばん長い日》のパンフレット（1967年）

図1－3　《日本のいちばん長い日》広告（『読売新聞』1967年7月3日付夕刊）

居前で一斉自刃！

映画版では、終戦の詔書案の審議（右の②）がまとまった後にこんなシーンがある。松本外務次官が連合国宛ての降伏電報を手配し終え、煙草を呑む。「いや、今日ほど長い日は……ほんとうに長い一日だったよな」。こう呟いたところで、場面は総理官邸の地下会議室に変わる。そして次のようなナレーションが流れる。

九日以来、議論に議論を重ねてきた閣僚たちは疲労と心労が一時に噴き出し、もう殆ど虚脱状態に近かった。その頭の中で、鋭いいろいろの思いが去来して交錯する……ある者は歴史上初めて経験する敗北の意味をなんとか嚙みしめようとし……ある者は、終戦に持ち込めなかった日本をぼんやり想像した。原爆が次々と各都市を破壊して行く。九州の薩摩半島と、関東地方の九十九里浜へ殺到してくる百万の連合軍、北海道にはソ連……いや、ソ連は朝鮮半島を一気に南下し、北九州や中国地方へも……日本は各所で分断され、男も女も、子供も老人も、その砲火と硝煙の中で倒れて逝き、日本列島は八千万の累々たる死骸の死の島に……。[8]

ちょっとしたボタンの掛け違いが存在すれば、ニッポン分断が実際に起こっていたかもしれない。岡本喜八は映画雑誌のインタビューで、このシーンの重要性について以下のように述べている。

まあ、オリンピック作戦（注・連合国の九州上陸作戦）まで行ったら、ぼくらはまず生きていませんし、朝鮮のように南北にわかれて《ママ》かもしれません。三軒茶屋あたりが飯《ママ》門店になっていたでしょう。あのシーンをぼくはどうしても入れたかったのです。あれがないとこの映画の意義がみつからないし、サスペンスが出ません。あれなしだと人間を感じさせないで、官職だけが出て来てしまう。[9]

映画版《日本のいちばん長い日》は地味な内容であったため、興行的にはあまり期待をされていなかった。しかし蓋を開けてみれば、前評判の低さとは裏腹に、4億4200万円（日本映画の年間興行収入第2位）の大ヒットを果たす。その大きな要因の一つは、何と言っても岡本喜八あるいは脚本を務めた橋本忍の力量だ。政治家や官僚のやり取りが中心であり、ともすれば「官職だけが出て来てしまう」映画を、圧倒的なテンポで観る者を飽きさせない作品に仕上げた。

《日本のいちばん長い日》がヒットしたもう一つの要因として、この映画が示した偶然性の強調という点にも注目すべきだろう。右に紹介したインタビューで、岡本喜八はオリンピック作戦に言及している。日本が無条件降伏を拒否した場合、アメリカを中心とした連合国軍は、1945年11月1日に九州上陸作戦（＝オリンピック作戦）を実行に移す予定であった。1946年3月1日には、コロネット作戦と呼ばれる関東上陸作戦も計画されていた。

岡本喜八は、多くの命が奪われたであろう本土決戦の先に、日本の分割統治が待ち受けていたと予想している。小松の「地には平和を」と同じように、「もう一つの歴史」

を喚起させる《日本のいちばん長い日》の作品構成が、戦争体験者が大半だった観客を惹きつけたのではないか。

この映画よりも前に、宮城事件をモチーフとした映画作品が三つ作られている。関川秀雄監督《黎明八月十五日》（1952年、東映）、阿部豊監督《日本敗れず》（1954年、新東宝）、小林恒夫監督《八月十五日の動乱》（1962年、東映）である。いずれも大宅壮一編『日本のいちばん長い日』（1965年）が刊行される前の作品であり、事件の詳細が明らかになっておらず、興行的には失敗に終わっている。

村井淳志は『脚本家・橋本忍の世界』（2005年）の中で《黎明八月十五日》と《日本敗れず》を例に出し、これらの映画では「「終戦は歴史の必然だった」、「終戦は遅きに失した」という通俗的解釈」がなされていたが、そうした通念を《日本のいちばん長い日》が覆したと論じている。

歴史に「もしも」はナンセンスかもしれない。しかし確定した歴史を「当然」「必然」と見なすことは、それ以上に間違っている。歴史は様々な「未発の契機」を孕《はら》みながら進行していく。二〇世紀日本歴史の最大の転換点である一九四五年八月一五日にも、強力な「未発の契機」があったのだ。[10]

現代に生きる私たちにとって、本土決戦からニッポン分断へと至る道は「そうならなかった過去」にすぎない。しかし、当時の観客は《日本のいちばん長い日》の余白に「ありえたかもしれないニッポン分断」の残像を読み取っていたのではないか。自分たちが歩んできた道にはいくつもの脇道があって、石に躓《つまず》きでもすれば、そちらの道に転げ落ちていたかもしれない。そうした「もう一つの可能性」をこの映画を見て感じ取ったのではないか。

幻の北海道人民共和国

本土決戦が実際に起こっていた場合、アメリカ軍は太平洋側（九州と関東）から、ソ連は北海道や新潟から侵攻してくる可能性があった。政治学者の五百旗頭真は、日本占領のシミュレーションを次のように行っている。

太平洋側からアメリカ軍が上陸するなら、ソ連軍が日本海側から上陸してくるのは

「ヤルタの密約」をみても当然である。全土制圧の瞬間には、太平洋側対日本海側、もしくは西南日本対東北日本というかたちで、日本本土は米ソによる分割占領が既成事実となっていたと思われる。冷戦に向かう戦後の国際政治を考えれば、両者が統合されることは当分ありえず、やがて体制の異なる二つの国として再出発することになったであろう。[11]

分断線の位置に関してはさまざまな意見があるが、本土決戦が行われた場合、ニッポン分断は避けられなかったという点では、多くの論者が一致している。檜山良昭『シミュレーション本土決戦』（新人物往来社、1992年）や保阪正康『本土決戦幻想　コロネット作戦編』（毎日新聞社、2009年）などでも、本土決戦と分割占領を結び付けて論じている。

では、本土決戦が行われなかった場合はどうだったのか。私たちが住むこの世界は、本土決戦を経験していないわけだが、日本が分断国家の道を歩む可能性は皆無だったのだろうか。

序章の冒頭で触れた連合国による日本分割占領案（「図序‐1」）は、1945年8月

16日に、アメリカ軍の統合参謀本部（ＪＣＳ）の統合戦争計画委員会（ＪＷＰＣ）において提出されたものだ。１９４４年の段階では国務省も共同占領の原則を確認していたが、アメリカの主導権を堅持すべきだという意見や、日本の統治形態（中央集権国家）にそぐわないという意見が出され、分割占領を回避する方針へと傾いていく。8月18日には、日本分割占領計画を否決し、単独占領の方針を確定する文書（「ＳＷＮＣＣ七〇／五」）が承認されている。[12]

こうした政策決定の背景には、トルーマン大統領の意向が強く働いていた。ソ連との融和を目指していたローズヴェルト大統領（１９４５年4月に急死）とは対照的に、後を引き継いだトルーマンはアメリカ単独での日本占領を推し進めようとした。

ソ連のスターリンは、トルーマンに送った１９４５年8月16日付の書簡の中で、クリル諸島（千島列島）と北海道の北部を占領地域に加えるように要求している。ソ連は8月8日に宣戦布告を行い、8月15日以降も北海道の戦争は続いていた。南樺太や千島列島北端に位置する占守《しゅむしゅ》島での戦闘は激しさを極めた。スターリンが考えていたのは、釧路市と留萌市を結ぶ線を境界線として北海道を南北で二分する案であった「図１-４」。しかし、トルーマンは8月18日付書簡の中で、クリル諸島の占領については認めたものの、北海道の北部に関する要求については拒否した。[13]

スターリンは、ソ連全権代表のジェレビャンコに対する指令書（8月17日付）で、ソ連軍の東京駐留、すなわち東京の分割統治についてもアメリカ軍のマッカーサーに働きかけるよう指示している。しかし、これもスターリンの思惑通りにはならなかった。スターリンはトルーマン宛ての書簡（22日付）で不満を示しながらも、25日付の指令書で17日付指令書を撤回している。[14]

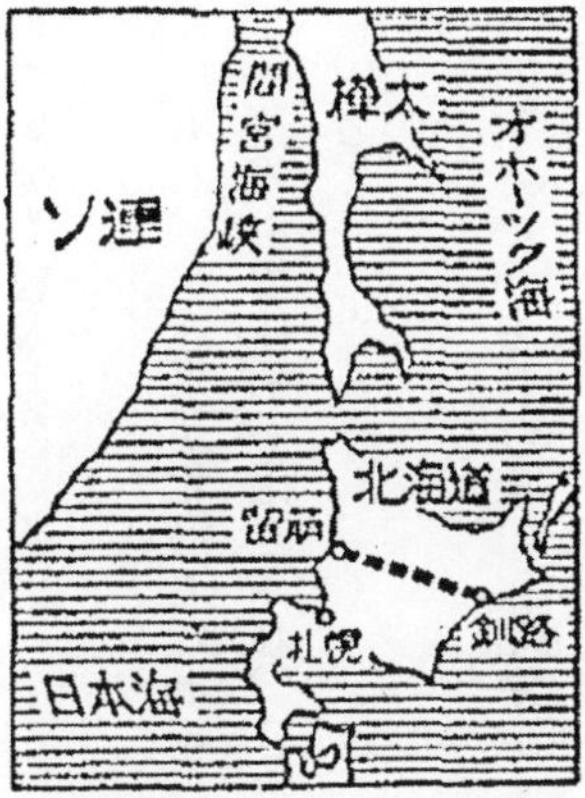

図1－4　朝日新聞で報じられた北海道分割案
「北海道分割（釧路－留萌線）占領で　米、ソ連要求を拒否」『朝日新聞』1955年10月22日付朝刊

ソ連国防省戦史研究所長のドミトリー・ボルコゴノフは、１９９０年の『読売新聞』の取材に対して、スターリンが北海道占領をあきらめた理由として、「①北海道上陸計画が米国の強い反発を招いた　②米国の原子爆弾の存在を知っていたスターリンは、戦後の対米関係を対立状態からスタートさせることを望まなかった」と述べている［図１-５］。ボルコゴノフは「歴史のｉｆ」

についても言及している。

もし、ソ連軍が北海道に上陸していたら、すぐに撤収することはなく、北海道にソ連軍占領体制が確立され、日本は朝鮮、ドイツと並んで、もう一つの分断国家に化していただろう

ありえたかもしれない「北海道人民共和国」の可能性については、さまざまな論考が発表されている。たとえば、保阪正康は『昭和史　七つの謎』（講談社、２０００年）において、「〈東日本社会主義人民共和国〉は、誕生しえたか？」という章を設けている。ここでは北海道出身の保阪が、ソ連の北海道占領と北方四島、旧樺太を含めた「北海道社会主義人民共和国」成立の可能性を分析している。

元外交官の佐藤優は、『文藝春秋』２００９年11月号の特別企画「現代を変える「歴史のＩＦ」」に、「ソ連北海道占領「分割日本」の末路」と題する論考を寄せている。この企画では11の分岐点が挙げられ、佐藤の論考以外では、内田樹「全共闘運動が挫折していなければ？」、山崎元「バブルが遅れたら日本発ＩＴ革命」、片山虎之助「中選挙区

制のままならば」、俵万智「ケータイ無き世の「胸の高鳴り」」の四つが戦後の出来事に言及している。

　佐藤はこの論考の中で、ローズヴェルト大統領が生きていた場合、ソ連の北海道占領を認めていた可能性があると論じている。佐藤はその場合に起こりえたこととして、留萌―釧路以北に日本民主主義人民共和国（北日本）の成立、ソ連による独立の承認と友

北海道占領計画あった

ソ連戦史研所長と会見

4個師団、寸前に中止

米が反発、原爆の存在知り

終戦直前、スターリン指令

【モスクワ二十四日＝古本朗】ソ連軍事史研究の第一人者、ドミトリー・ボルコゴノフ・ソ連国防省戦史研究所所長（大将）はこのほど読売新聞と会見し、一九四五年八月、ソ連最高指導者スターリンがソ連軍四個師団による北海道上陸の準備を進め、大戦終了直後に、決行寸前になって計画を中止していた事実を明らかにした。スターリンが当時のトルーマン米大統領に対し、ソ連軍による北海道北部占領の承認を要求して拒否されたことは既に知られているが、ソ連側が北海道上陸・占領計画の具体的内容を確認したのはこれが初めて。ボルコゴノフ所長の証言は、いまなお不明部分の多い終戦前後の日ソ関係史に、ソ連側から新たな解明のメスを入れるものになろう。

スターリン

ボルコゴノフ所長

ドミトリー・A・ボルコゴノフ・ソ連国防省戦史研究所長の略歴　一九三〇年生まれ。軍・政治アカデミー卒業。哲学、歴史学博士。三年前、ソ連軍政治総本部次長から現職へ。

　ボルコゴノフ所長の証言は、主にソ連国防省中央古文書保存所などに保管されている当時の公文書に基づくもの。

　所長によると、スターリンは四五年八月九日のソ連軍の対日参戦の直前、ワシレフスキー極東軍総司令官に対し、満州進攻と並行して「サハリン（樺太）南部、クリル（千島）列島の解放だけでなく、北海道の北半分を占領せよ」との命令を発した。

　これに基づき、二個歩兵師団、一個戦闘機師団、一個爆撃機師団の計四個師団を北海道に投入する計画が策定された。

　さらにスターリンは、トルーマン大統領への書簡（八月十六日付）で北海道北部の占領を要求してから一週間後の同月二十二日、樺太南部の第八七歩兵軍団に対し、北海道上陸作戦遂行のため、船舶への乗船・積み込みの態勢を整えるよう指示した。

　しかし、その後スターリンは理由も告げず突然、モスクワからの電報で乗船・積み込み作業の中止を命令。こうして北海道上陸作戦は、決行寸前で"幻の計画"に終わった。

　スターリンが計画を放棄した背景について、ボルコゴノフ所長は①北海道上陸計画が米国の強い反発を招いた②米国の原子爆弾の存在を知っていたスターリンは、戦後の対米関係を対立状態からスタートさせることを望まなかった――などを挙げた。

　さらに所長は、「もし、ソ連軍が北海道に上陸していたら、すぐに撤収することはなく、北海道にソ連軍占領体制が確立され、日本は朝鮮、ドイツと並んで、もう一つの分断国家に化していただろう」と語った。

　また、スターリン政権が、一方的に日ソ中立条約の不延長を通告して満州進攻した問題について、「四五年二月のヤルタ会談での（対日参戦の）義務を履行したスターリンを糾弾するのは難しい。また国際法上からも（満州進攻は）背信的攻撃とはいえない」として、対日参戦の正当性を強調した。

「信頼できる発言、事実と思う」防衛庁

　防衛庁防衛研究所戦史部によると、「日本でそういう（占領計画）史実は知られていない」という。

　同研究所の宮内邦子・第一研究部主任研究官は「ボルコゴノフ所長はきわめて信頼のおける学者で、彼の言葉なら事実だと思う。研究者としては、スターリンの指令書の日付など、関連事実の解明が今後の課題となろう」と話している。

図1－5　「北海道占領計画あった　終戦直前、スターリン指令　ソ連戦史研所長と会見」『読売新聞』1990年12月25日付夕刊

好援助条約の締結、北日本憲法の制定、日本社会主義統一党による一党独裁制、土地国有化、日本語のキリル文字化などを挙げている。1950年には南北日本戦争が勃発し、やがて北海道全土が北日本の領土となり、日本は津軽海峡を境として南北に分断される。1991年のソ連崩壊によって、北日本は共産主義体制からの脱却を目指す。そして選挙で躍進した自民党党首の中川宗男（中川昭一と鈴木宗男の合成）が中心となって核武装の道を歩んでいくというのが、佐藤のシミュレーションであった。

本章では、1945年のターニングポイントにおいて、北海道の分断可能性が十分な真実味をもっていたことを明らかにした。このありえたかもしれない「もう一つの戦後」は、1970年代から80年代にかけての未来小説や1990年代の架空戦記の中で詳しく描かれることになる。

次章では、1970年代から80年代にかけての冷戦期に描かれた「ニッポン分断もの」に焦点を当てる。戦後の言説空間の中で、分断国家ニッポンのイメージはどのように立ち上がっていったのだろうか。

サイドワイズ　ニッポン［北海道分断編］

「サイドワイズ　ニッポン」は、各章で紹介しきれなかった「ニッポン分断もの」などを取りあげる。「時の脇道」（Sidewise in Time）にそれた「もう一つのニッポン」の姿である。

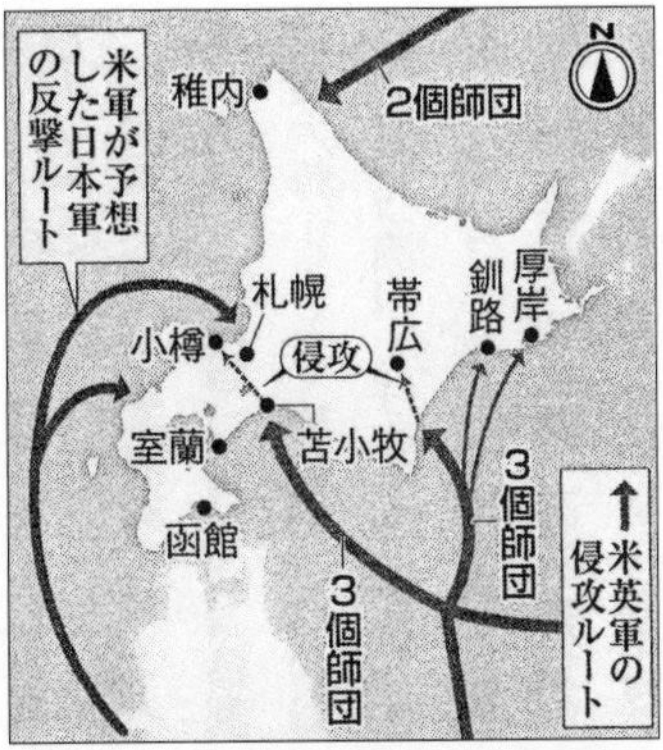

図１－６　「米英軍の北海道上陸計画の概要」北海道新聞社編『戦後70年　北海道と戦争　下巻』2015年、187頁

北海道新聞社編『戦後70年　北海道と戦争　下巻』（２０１５年）によると、１９４３年に米英軍は、日本を早期降伏に追い込むため、北海道上陸作戦を選択肢の一つとして考えていたという。立案したのは、連合国最高司令官総司令部「連合参謀本部」の計画部門で、１９４５年夏の決行を計画していた。ソ連との共同戦線まで考えられていたというが、気象

面の制約などを考慮して、台湾上陸作戦へと切り替えられていったという（結局、米英軍は台湾にも上陸せず）［図1－6］。

第2章　東西冷戦下の仮想地図

壁の向こうの住人たち

本章では、いよいよニッポン分断をモチーフとした作品（「ニッポン分断もの」）を実際に見ていく。最初に紹介するのは、藤本泉《せん》の短篇「ひきさかれた街」[*4]（1972年）である［図2-1］。この作品では、軍事クーデタを契機として西日本がアメリカに、東日本がソ連に占領されてしまう。東京も二分割され、南半分はアメリカ占領区、北半分はソ連占領区となった。突然の出来事だったため、主人公の両親は職場から帰宅できず、当時4歳だった主人公は北地区（＝ソ連占領区）にある祖父の家に預けられたまま、両親とは離れ離れとなってしまう。

図2－1　藤本泉「ひきさかれた街」
『SFマガジン』1972年3月号、59頁

それから約10年。中学生となった主人公は、両親の住む南地区（＝アメリカ占領区）への逃避行を決断する。主人公はまだ見ぬ「もう一つの東京」を完全な異世界だと想像していた。国境線は厳重な警備が敷かれており、驚くような何かが向こう側には存在するはずだと。しかし、分断線となった神田川を泳いで渡ると、そうした予想は見事に打ち砕かれる。

　全くどうしてそんなことになったのか、見知らぬ街がそのとき急に何の前ぶれもなくぼくの周りで、向う側と同じ東京の街になって息づき始めた。（中略）日比谷公園まで歩く間にぼくはもう、東京は引き裂かれていても街そのものは決して二つの違ったものではなさそうだと思い始めていた。どこまで深入りしたところで、この予感ははずれはしないぞと。

（『時界を超えて』、１７５頁）

やがて主人公は両親の暮らす家にたどり着く。しかし両親は、目の前に突然現れた少年が自分の息子だと気づかない。10年という歳月を経て、「もう一つの東京」とそこに住む人たちは別の存在になってしまった――。そう感じてもおかしくなさそうだが、主人公は彼此《ひし》の間にある違いを認めようとはしない。

東京駅と上野駅との間に違いなど有るはずはない。規模はどうであれ、新しさはどうであれ、そこで使われる言葉がきみであれ同志《タバリーシチ》であれ、この乾いた目まぐるしさと混雑した息苦しさを作る素材に、どんなちがいがあるというのだ。どこもかしこも同じだ。ソ連地区もアメリカ地区も同じ湿度と温度の下にある。

（『時界を超えて』、２２５−２２６頁）

「ひきさかれた街」では、本質的には変わらぬものが二つに分断されてしまった悲哀や理不尽さが強調されている。この作品の主題は、思春期特有の煩悶や親子の葛藤にあり、そうしたものを描く舞台として分断都市・東京が選ばれただけかもしれない。分断の状況に関する具体的な情報も不足している。それでも「ひきさかれた街」は、ありえたかもしれないニッポン分断を描いた最初の小説として語り継がれるべき作品だ。[1]

「ニッポン分断もの」の起源を探るにあたって、筒井康隆の「東海道戦争」[*2]（『ＳＦマガジン』１９６５年７月号）や小松左京「本邦東西朝縁起覚書」[*3]（『ＳＦマガジン』同年８月臨時増刊号）は重要な作品だ。「東海道戦争」は東京と大阪が戦争を始める物語。「本邦東西朝縁起覚書」は、南朝第五代天皇の尊秀帝が現代に甦り、自らの正統性を主張し、年号を天安と定め、都を京都に置くと宣言する。突然の新政府樹立を支持する現代人も現われ、木曽川と九頭竜《くずりゅう》川を結ぶ線を境として日本は東西に分断されてしまう。どちらも傑作だが、完全な架空の出来事であり、ありえたかもしれないニッポン分断を扱った最初の小説としては藤本の「ひきさかれた街」を挙げるべきだろう。

藤本は同じモチーフを扱った中篇「時界を超えて」[*19]（１９８５年）も発表している。この作品では、「旧自衛隊のクーデター」が契機となって、北海道、東北、新潟、関東の一部、東京の北半分がソ連の支援を受けて独立する。分断が起こった時期やその状況、分断都市の様子などは、「ひきさかれた街」よりも詳細に描かれている。

分断は（作品が発表された１９８５年の）28年前に起こり、東側は日本人民共和国、西側は日本民主共和国と呼ばれている。西側への越境者を防ぐための壁も建設され、隅田川北岸から御茶ノ水を通って、ＪＲ中央線さらには青梅線に沿って切れ目なく続いていく。東京を二分割した壁は、やがて新潟と長野の県境までつながり、日本を東西で分断する国境線につながっていた。

この世界では、東京の西地区から東地区への観光ツアーが認められていて、主人公もツアー参加者の一人である。神田川に架かる聖橋でパスポートのチェックを受け、東地区に足を踏み入れたツアー参加者たちは、上野で「あれッ、西郷さんの銅像のうしろに、あんなでっかいレーニン像ができてる」と驚きの声をあげる（43頁）。レーニン像が新たに建設され、西郷像と同じようにシベリア犬を連れていたからだ。

東地区の街は寂れた様子で、夜遅くまで営業している店も見かけない。住民もどこか陰気だ。電話で人に聞かれたくない話をする場合には、ラジオやテレビの音量を上げるのが習慣となっている。当局への密告が横行していて、家族でさえ聞き耳を立てていないとは限らないからだ。通貨も西側の円が圧倒的に強く、ツアー客が西側の円で支払いをすると喜ばれる。東側から西側への越境者も後を絶たない。

第3章で詳しく論じるように、ニッポン分断をモチーフとした作品の中では、東側（＝ソ連側）をディストピアとして描く作品が少なくない。そこには、そういった日本にならなくてよかったという安堵感が込められている。しかし「時界を超えて」の主人公は、東側の不自由な状況を目の当たりにしながらも、そちらの世界への郷愁を隠そうとしない。作者の藤本は、中央権力に抵抗を続ける東北地方の原始共産国家「えぞ共和国」を描いた作品を発表しており、こうした藤本の思想が「時界を超えて」にも反映されたのかもしれない。

「日本四分割」で私はいま……

ＳＦファンからも評価の高い藤本の作品であったが、ベストセラーとして一般のファンに広く浸透するところまではいかなかったようだ。

ニッポン分断のイメージが広まっていくのは、１９７４年11月に政治学者の五百旗頭真がアメリカ国立公文書館で「ある文書」を発見したことが大きかった［図２‐２］。その文書とは、１９４５年８月16日にアメリカ軍の統合戦争計画委員会で議論された日本の分割占領計画であった。序章や第１章で紹介したように、北海道と東北をソ連、九州と中国地方をイギリス、四国を中国（中華民国）、関東や中部地方をアメリカが占領する案が示されていた。

国際政治学や占領研究の大家たちは五百旗頭の発見を否定した。たとえば、アメリカ外交史を専門とする入江昭は『朝日新聞』（１９７５年1月18日付夕刊）に掲載された論考「アメリカの日本占領構想——まぼろしの分割案」で、「この種のメモは、どの国においても、あらゆる可能性を想定し、それに対応するように下部機関で作られる」としている。占領史を専門とする竹前栄治は『中央公論』（１９７５年3月号）の「象徴天皇制への軌跡」という論考の中で、同じ文書を五百旗頭よりも早く発見していたが、「資料的価値については、いささか疑問をもっていた」と指摘している。こ

第2次大戦後の日本の処理

幻の分割統治案明るみに

五百旗頭広大講師が米で発見

4大国が軍隊投入

中国地方は英国領に

図２－２　『中国新聞』1974年12月14日付朝刊

の文書が起案された時点で、マッカーサーはアメリカ軍による単独占領の方針を固めており、分割占領は「実現の可能性がもともと乏しかった」というわけだ。この竹前の論考には、「幻の日本分割統治案」という小見出しが付けられている。

専門家から相次ぐ批判の声に、当時30歳だった五百旗頭は焦ったようだ。「眠れぬ夜を過ごし、学者生命を絶たれる恐怖にうなされた」とは本人の回想だ（「私の履歴書」『日本経済新聞』２０１９年2月13日付）。五百旗頭は、学会報告や論文発表を行い、分割占領案を学術的な観点から分析することを試みた。その成果は『米国の日本占領政策』（中央公論社、１９８５年）として刊行され、この年のサントリー学芸賞（政治・経済部門）を獲得している。

私たちは真実か否か、現代の言葉を用いて言えば、真実かフェイクニュースかといった二分法で物事を理解しがちである。しかし先述のように、歴史の分析を行う時には、「起こったこと」と「起こらなかったこと」の間に「起こりえたこと」という第三極を想定してみる必要がある。実現しなかった日本分割占領計画をどう評価するかは、この「起こりえたこと」へのアプローチの仕方が問われているのだ。

四か国による分割統治は実現可能性の高い計画ではなかったが、歴史の歯車がほんの少しでも狂っていたら、そうした可能性はゼロではなかった。ここでは、五百旗頭を批判した入江と竹前の原稿に「まぼろしの分割案」、「幻の日本分割統治案」という言葉が用いられている点に着目してみたい。分割占領計画が史実（＝現実）にはならなかったとして、それを単なる「幻」と見るか、現実のものになる可能性のあった「幻実《げんじつ》」と位置づけるか。そうした違いが、ベテラン研究者（入江や竹前）と若手研究者（五百旗頭）の間に存在したのではないか。[2]

五百旗頭の発見は、学術界のみならず一般社会にも大きなインパクトを残した。たとえば『週刊読売』１９７５年１月号には、「米英中ソの四国による日本４分割の占領計画」と題する論考が掲載されている［図２‐３］。記事では、四か国の枠組みは早々に崩れ、実質的には、米ソの二か国による東西分断国家が誕生するとし、北海道と東北が「北日本人民共和国」となる「もう一つの歴史」が予測されている。

同じ号には「〝日本４分割〟で、私はいま……」と題し、ニッポン分断で起こりうることについて各地域を代表する著名人がコメントを寄せている。東北は作家の井上ひさし（山形県）。東京は作家の佐野洋。関東・中部は評論家の阿部進（神奈川県）、作家の八切止夫《やぎりとめお》（神奈川県）、漫画家の福地泡介（岐阜県）、作家の豊田穣（岐阜県）。四国はイラストレーターの真鍋博（愛媛県）。近畿は京大教授の会田雄次（京都府）。九州・中国は作家の畑正憲（福岡県）である。

井上ひさしが選ばれたのは、東北地方の分離独立を描いた『吉里吉里人』の連載（1

週刊読売

詳報 米英中ソの四国による 日本4分割の占領計画

30年ぶり米国務省資料から初めて明らかに

衝撃の日本占領計画が発見された。米英中ソの四か国による日本四分割統治報告である。広島大政経学部・五百旗頭真講師が、アメリカ国務省で発見したもので、これまでウワサのみだった幻の日本分割構想が明らかになった。もし、この計画が実施されていたらどうなっていたか日本も、ドイツ、朝鮮のように分裂国家の悲運を負っていたにちがいない——。

衝撃の日本分割占領案

まさにズタズタ！日本分裂島

湯原温泉

"日本4分割"で私はいま……

図2－3
上：「米英中ソの四国による日本４分割の占領計画」『週刊読売』1975年１月号、20－21頁
下：「"日本４分割" で、私はいま……」同記事、24－25頁

973年―）を始めていたからだろう。井上は東北で起こりえた悲劇を危惧している。

ソ連が共産国家だけに、東北なんかは大変な混乱におちいっていたでしょうね。ゴマスリがでてくるだろうし、天皇につながる人がいて、ヘンな王国を作ろうとしたりして、とにかく大変だっただろうと思います。

日本は「ほんとうの意味で独立を勝ち取る」経験をしていないので、分割統治がその役割を果たした可能性があるとも井上は指摘している。

漫画家の福地泡介は、自分の人生を重ねあわせたコメントを残している。４コマ漫画「ドーモ君」（『日本経済新聞』連載）などの作品で知られる福地は、早稲田大学の漫画研究会で園山俊二や東海林さだおらと出会っていた。分割占領が実現していたら、もっと良い人生が待っていただろうと福地は楽観的に語っている。

ぼく、岐阜だからアメリカ軍の支配下に入るんですね。（中略）早稲田に来て、園山俊二とか東海林さだおにそそのかされて、漫画家というこのイバラの道に突き落とされたんですからね。東京にさえ来なければ、今ごろ岐阜で公務員になって、年末にはボーナスをたっぷりもらって、すごく幸せな気持ちで正月を迎えていたでしょうね。

イラストレーターの真鍋博は愛媛の出身だが、四国は中国の占領地域となっていた。1945年の時点では、蔣介石率いる中華民国（現・台湾）が分割占領に加わることになっていた。1949年に中国共産党が中華人民共和国を成立させた後、どちらの政府が日本の占領行政を担ったのかは疑問だが、『週刊読売』の記事は1975年のものなので、真鍋は共産党政権を想定してコメントを残している。中国の中央楽団の演奏を聴いたことがあり、楽しそうに演奏する様子が印象に残っていた真鍋は、中国を「芸術家にとっては住みやすいところのよう」だとして、「人民芸術家として仕事に打ち込んでいた」もう一つの人生を想像している。

作家の八切止夫と畑正憲は、日本が分割統治された場合、抵抗運動《レジスタンス》に身を投じただろうと述べている。終戦時、満洲（現・中国東北部）にいた八切は、「異国の統治下で暮らすつらさ」を知っており、「もし占領政策がとられていたら、（中略）アメリカであろうと、ソ連であろうと、私はシャクにさわるから、レジスタンスをやっていた」と述べている。

八切がコメントを求められた理由はわからないが、「日本人民共和国」に関する論考を二つも発表していたことが編集者の目に留まったのかもしれない。八切が本名（矢留節夫）で発表した「日本人民共和国」（『改造』１９５１年４月号）は、日本がソ連の侵攻を受け、東京に原爆を落とされていた場合のｉｆ物語。ペンネームの八切で発表した「小説日本人民共和国」（『週刊サンケイ　臨時増刊』１９７３年３月６日・20日号）は、共産党が「協産党」に改名して人気を博す物語である。

作家の畑正憲は、ムツゴロウ動物王国を築いた北海道のイメージが強いかもしれないが、福岡出身である。ムツゴロウさんは、戦争末期の九州独立運動に言及して、イギリスへの徹底抗戦という「もう一つの歴史」を予測している。

九州から逃げ出して米軍の下に行こうったって、敵さんにとっちゃ、人間はもう大切な財産ですからねぇ、厳重に国境封鎖をやって、絶対に逃がしちゃくれんでしょう。そうなると、同志を糾合して、イギリス政庁あたりになぐりこみをかけたかも

図2－4　《NHK特集　日本の戦後　第1回　日本分割　知られざる占領計画》(1977年4月28日放送)
2013年にDVD化もされている

しれないなァ。九州独立論みたいな説もあったから、何人かの同志は武器を持って集まったでしょう。そして、勇躍三個師団の敵にぶつかって、あえなく死んでいるんじゃないかな。

戦争末期、連合国に徹底抗戦するために構想された九州独立政府については、第5章で詳しく論じる。

四か国による分割統治案は、映像メディアでも紹介された。GHQによる占領終了からちょうど25年が経過した1977年4月28日に、NHKは特集番組《日本の戦後》をスタートさせた。その第1回の放送が「日本分割　知られざる占領計画」であった［図2－4］。再現ドラマを交えた構成となっており、首相の鈴木貫太郎を嵐寛寿郎、外相の東郷茂徳を佐分利信が演じた。「戦後日本の運命を決めた決定的瞬間を、あくまで事実に忠実に再構築（リ・コンストラクト）しようとする試み」とされ、序章の冒頭で引用したアメリカ軍の委員会における議論もこの番組で再現されたものである。[3]《日本の戦後》は、ギャラクシー賞（第15回特別賞）を獲得している。

統一国家ニッポンへの希望

日本の分割統治案が視覚的なインパクトを伴って紹介されたことが、「ニッポン分断もの」の刊行につながった。８０年代には、その金字塔とも呼ぶべき作品、井上ひさし『一分《いちぶん》ノ一《いち》』[*20]（１９８６年―未完）が発表された。

『一分ノ一』は、東北地方の分離独立を描いた井上の『吉里吉里人』（１９７３年から雑誌連載、８１年に単行本化）とモチーフがよく似ている。連載が開始された『小説現代』にも「構想十年―名著『吉里吉里人』を凌ぐ空前の奇書、遂に発進！」と記されている［図２-５］。『吉里吉里人』が日本ＳＦ大賞や読売文学賞を受賞したのとは対照的に、『一分ノ一』は世間に強いインパクトを残さなかった。というのもこの小説は、９２年に連載が中断された未完の作品なのだ（井上が亡くなった翌年の２０１１年に単行本化がなされている）。

『一分ノ一』は、「こんなに自分でワクワクしながら書くのも久しぶり」と著者自身が

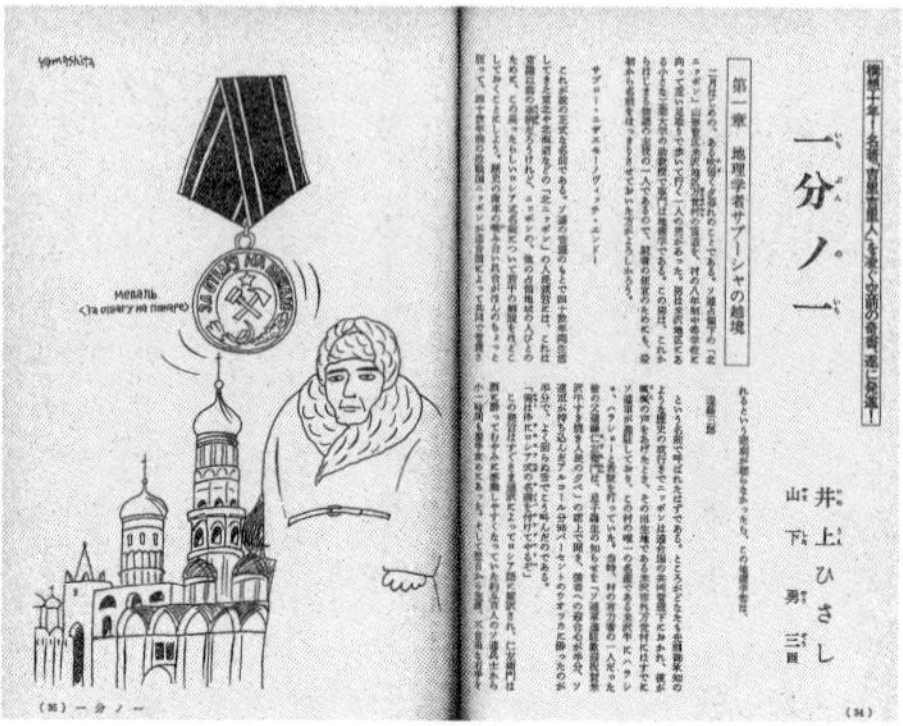

図2-5　井上ひさし「一分ノ一」『小説現代』1986年6月号、34−35頁
「こんなに自分でワクワクしながら書くのも久しぶり」という井上のコメントは、この号の464頁に掲載されている

述べていたように、井上流のハチャメチャ・ドタバタが大爆発する傑作だ。未完という唯一の欠点も、自分なりの結末を予測して楽しむ贅沢を味わえるので、美徳にさえ見えてくる。

この世界のニッポンは、太平洋戦争後に連合国によって四分割され、北ニッポン（ソ連占領地域）、中央ニッポン（アメリカ占領地域）、西ニッポン（イギリス占領地域）、四国ニッポン（中国占領地域）に分かれたまま40年近くが経過していた。「四分ノ一」化されたニッポンの再統一、つまり「一分ノ一」化を目指す志士たちがこの物語の主人公だ。

中心人物は、山形（北ニッポン）にある大学の助教授・遠藤三郎である。ロシア名はサブロー・ニザエモーノヴィッチ・エンドー。サブーシャの愛称で親しまれている。地理学者であるサブーシャは、沖縄から北海道まで一色で塗られたニッポン地図の完成を夢見ていた。暴力団員の小形明《おがたあきら》がサブーシャをニッポン統一運動に誘い、物語は大きく動き出す。小形は、ニッポンが四分割されたままでは広域暴力団になれない（上納金をより広い地域から集めることができない！）ことに不満を持っていた。他にも、甲子園での全国高校野球大会を実現したい（地域ごとの大会では物足りない！）高校野球監督の藤一平、全国縦断リサイタルをしたい（ついでに海峡をテーマとした曲を歌いたい！）歌手の秋山マリが、統一運動のメンバーに加わった。

先述の『週刊読売』誌上のアンケートに井上が答えているので、現実の分割占領案をモデルとした小説であることは明らかだ。『一分ノ一』には、日本が分割されていた場合に起こりえたさまざまな事象が登場する。たとえば北ニッポンは、国境地帯に「不道徳電波監視所」を設置している。商業主義に侵された中央ニッポンのテレビ電波の流入を防ぐため、所員はハサミで銀紙を1センチ四方に切り、それを指定された時間に監視塔の上からばら撒く。空中に舞う銀紙が電波を反射し、北ニッポンのテレビ画面は雪が降ったような状態となり、視聴が困難になる。銀紙やアルミ箔を宙に舞わせて電波や敵のレーダーを妨害する行為は、米軍基地などでも実際に行われていて、空がキラキラと輝く様子は「エンジェル・ヘアー」とも呼ばれていた。[4]分断国家ニッポンでは、東西を隔てる国境線で「天使の髪の毛」が頻繁に舞っていたかもしれない。

『一分ノ二』は、分割統治体制が敷かれて約40年後の世界を描いており、ニッポンを取り巻く状況は逼迫していた。米英ソ中の四か国は、それぞれの占領地区を自らの領土に併呑《へいどん》しようと画策し、連合国に加わっていた他の国々も、六本木に与えられた30坪前後の狭い占領地区を自国の自治領に昇格させようとしていた。連合国の思惑通りに事が進めば、ニッポンは完全に解体されてしまうため、サブーシャたちは統一運動を急いだ。しかし、北ニッポンのＫＧＢ、中央ニッポンのＣＩＡ、西ニッポンの情報部、四国ニッポンの公安部が手を組み、サブーシャたちの前に立ちはだかる。

『一分ノ二』の最大の読みどころは、サブーシャと北ニッポンＫＧＢの奇術師・一陽斎《いちようさい》東勝《とんかつ》との論争である。分断国家ニッポンでは、異なる占領地区に行く場合、身分証明書やパスポートを提示し、検問をパスしなければならなかった。サブーシャは、ニッポン統一の意義を交通の自由という観点から説こうとする。

ニッポンが統一されて米ソ中英の占領管理から抜け出すことができれば、たぶん国営鉄道網がニッポン全国を隈なく覆い、どこからどこへゆこうが自由勝手、身分証明書もいらなければパスポートもいらない、いるのは切符代だけという時代がくるでしょう。単純にして便利。それにニッポンはもともと一つの国なのですから、そうなって当然なのです。（文庫版上巻、１９７頁）

一方の東勝が強調したのは、歴史の不可逆性だ。分断されて40年も経過した日本が元の状態に戻るのは簡単なことではない。アメリカ管理下の中央ニッポンは著しい経済発展を遂げており、イギリス管理下の西ニッポンとの統一はありえても、政治体制や経済状況の異なる北ニッポンや四国ニッポンとの統一は不可能だと東勝は指摘する。

いいか、中央ニッポンには政府直営の公共放送が二波、それに加えて五波の民営テレビがある。この合わせて七波のテレビ電波が、連日、朝の六時から真夜中すぎまで市民たちに生活情報や娯楽番組を送りつづけている。それにひきかえ北ニッポンや四国ニッポンのような社会主義国家の占領管理下にある地域のテレビはどうだね。官営放送の電波が二波あるだけじゃないか。放送内容にしても、味もそっけもないお知らせ番組か、お説教調の啓蒙番組ばかり、おもしろくもなんともない。
（文庫版上巻、198頁）

テレビ番組一つをとっても、これだけ情報格差が存在する。そうした地域との統一を中央ニッポンは本当に望むのかと東勝は問いかけた。これに対してサブーシャは、ニッポン統一運動の根幹に「集合意識の核」が存在すると反論する。西欧人は「広場」を重視するが、日本人は「道」を中心とした地域共同体を作りあげてきた。「茶道」、「書道」、「武士道」といった言葉が用いられるのも、日本人独特の心理的類型が存在する証拠だというわけだ（文庫版上巻、205頁）。

サブーシャは、ニッポンのあるべき姿について、「人びとが明るく潑剌《はつらつ》とするような国……」、「ひっそりと生きる」、「オリンピックでもメダルはとれない。せいぜいとって銅二つ」、「ノーベル賞もとれない」、しかし、「世界がなにかの危機に追い込まれると、全世界の注目が一斉《いっせい》に新ニッポンに集まる……」（文庫版下巻、165－167頁）。そんな国が理想だとサブーシャは力説する。

東洋の、あの島国の人びとは公正無私であるし、いつもなにか静かに考えている。あの静かな人びとの智恵でこの危機を乗り越えようではないか。……世界中がそう思い、そう頼りにするような国。
（文庫版下巻、１６７頁）

さらに、サブーシャは次のような理想も述べる。

二発の原爆で未来の地獄を見たニッポン人、そうして同時に列強にならって他人《ひと》の国を軍靴で踏み荒したのもニッポン人。そういう対極を、つまり歴史的な罪と罰と悲しみを体験したニッポン人だからこそ、もの静かな賢人にもなれると思うのだが、どうだろうか
（文庫版下巻、１６７頁）

『一分ノ一』は、ちょうど日本がバブルに沸いていた時代に書かれている。序章でも論じたように、分断国家ニッポンのシミュレーションは、今よりも悪い「もう一つの世界」を想像する「下向きの反実仮想」であるはずだ。『一分ノ一』の物語においても、国土が散り散りとなり、ニッポンはさらなる分断状態に陥ろうとしている。しかし危機

状態にあっても、否、危機状態であるからこそ、サブーシャたちは統一国家への希望や理想を捨て去ろうとしない。そうした「下向きの反実仮想」で見出された希望――「にもかかわらずの希望」――は、バブル期の日本人に向けたメッセージにもなっていた（松山巖による解説「未完が生む問いの先に」『一分ノ一』文庫版下巻）。

図2-6　村上薫「一分ノ一」井上ひさし『一分ノ一（中巻）』講談社文庫、2014年、175頁

『一分ノ一』の中には、村上薫という人物が執筆した「一分ノ一」という「小説内小説」が登場する。作中では、賞金一千万円の第一回太平洋文学賞受賞作品として大々的に紹介されている［図２-６］。「小説内小説」というのは、歴史改変ＳＦが得意とする表現方法だ。歴史改変ＳＦの代表作と言われるフィリップ・Ｋ・ディック『高い城の男』（１９６２年）は、第二次世界大戦でアメリカが日本とドイツに敗北する「もう一つの世界」を描いた物語であるが、作中には、アメリカが日本とドイツに勝利する世界を

描いた『イナゴ身重く横たわる』という小説が登場する。つまりディックは、虚実を反転させ、アメリカの勝利という史実を「小説内小説」として物語に組み込んだわけだ。村上薫の「一分ノ一」には、分割占領されずに、世界随一の経済発展を遂げた「もう一つのニッポン」が描かれている。つまり、私たちが築きあげてきたこの世界の様子（＝史実）が描かれている。これを読んだサブーシャは、自分たちの目指してきた世界がそのまま描かれていることに感動し、統一運動の意義を再確認している。

ディック『高い城の男』の中で、占領下のアメリカ人たちは、当局から発禁処分が下された『イナゴ身重く横たわる』を隠れて貪るように読んだ。『一分ノ一』では、村上薫の「一分ノ一」の掲載された『太平洋評論』は売切れが続出した。もちろん架空の物語内の出来事ではあるのだが、極限状態に置かれた人々にとって、「もう一つの物語」を持つのは希望を抱くのと同義なのだ。

ひょっとしたら私たちの世界でも同じことが言えるのかもしれない。国家の消滅が歴史上何度も繰り返されてきたヨーロッパ諸国とは異なり、海に囲まれた日本ではそうした悲劇は起こらなかった。しかし、それは幸運だったと言えるのだろうか。日本は経済的に豊かになったかもしれないが、分断されなかったことで失ったものも少なくないのではないか。『一分ノ二』を読むと、バブル期の日本人も、現代の日本人もそんなことを考えずにはいられないはずだ。戦後日本が自明視してきた歴史や価値観を問い直す機会を与えてくれるという意味で、『一分ノ二』は「希望」の書とさえ考えることができるのだ。

アメリカ占領下とソ連占領下の「幸福」

1980年代には、土門周平『日本国家分断』[*18]（1984年）や笠井潔の短篇「鸚鵡《オウム》の罠」[*21]（1986年）など、東西冷戦を背景とした「ニッポン分断もの」が少なくなかった。「戦後史の問い直し」という観点から忘れてはならない作品が、小林信彦の短篇「サモワール・メモワール」[*17]（1982年）である［図2-7］。

この「もう一つの世界」では、1945年にソ連が新潟と富山に原子爆弾を落として日本を占領する。52年に日本は独立を果たすが、依然としてソ連の影響下に置かれている。

史実と照らし合わせてみれば、ソ連に占領された「もう一つのニッポン」はあまりに現実離れしている。第二次世界大戦時、アメリカの存在を抜きにして連合国の勝利は達成されなかったことは明白だ。にもかかわらずこの短篇が重要な意味を持つのは、当時の革新勢力が抱いていた「夢」、ひいては「戦後」という概念の再検討につながるからだ。

物語は、独立から30年が経過した1982年の東京・原宿から始まる。表参道はウラジミール通り、明治神宮はレーニン宮に改名され、若者が集うラフォーリ原宿はグム百貨店（モスクワにある赤の広場に面した百貨店）の東京支店という設定だ。占領期を知らない若者たちは進駐軍（ソ連軍）の服を身にまとい、ファッションとして楽しんでいる。

図2－7　小林信彦「サモワール・メモワール」『小説新潮スペシャル』1982年春号、76頁

ひと世代上の主人公はそうした若者の感覚に違和感を覚えながら、原宿駅前から公共放送の建物に向かう。友人から《流行歌で綴る戦後史》という4時間番組の構成を一緒に考えてほしいと頼まれたからだ。

この世界ではソ連による検閲制度が依然として残っていて、たとえば、シベリア抑留を連想させる《ハバロフスク小唄》は放送禁止となっている。主人公たちは、当局から目を付けられない「安全」な曲として《民衆の街に霧が降る》、《モスクワだよおっ母さん》、《レニングラードで逢いましょう》などを選んでいく。いずれも私たちがよく知る昭和のヒット曲の「ソ連占領バージョン」である（私たちの世界では、山田真二《哀愁の街に霧が降る》〔1956年〕、島倉千代子《東京だョおっ母さん》〔57年〕、フランク永井《有楽町で逢いましょう》〔57年〕というヒット曲が存在する）。さらに主人公は、次のような提案を行っている。

シベリア帰りの民衆芸術家、三波春夫先生に何曲かうたってもらう。三波春夫なら、当局も、放送局内の考査室の連中も、文句のつけようがあるまい。レーニン勲章を貰《もら》っていることだし

（新潮文庫版、66頁）

「サモワール・メモワール」の世界の三波春夫は、《ちゃんちきタワリシチ》、《モスクワ五輪音頭》、《世界の人民こんにちは》といったヒット曲を歌い、国民的歌手として次の芸術大臣への就任も囁かれていた。

私たちの世界の三波春夫は、20歳の時（１９４４年）に召集令を受け、満洲で終戦を迎える。南下してきたソ連軍の捕虜となり、ハバロフスク収容所へ送られる。収容所では、浪曲や芝居の仕事が認められ、劇団も設立する。４年間のシベリア抑留生活を経て、帰国が叶ったのは１９４９年9月のことであった。浪曲師としてデビューした三波は、《チャンチキおけさ》（１９５７年）、《東京五輪音頭》（６３年）や大阪万博のテーマソング《世界の国からこんにちは》（６７年）などのヒット曲に恵まれ、国民的歌手としての道を歩んでいく。

三波は、自叙伝『すべてを我が師として』（１９６４年）の中で、帰国直後の自分のことを「共産主義的浪曲家」、「赤色的？《ママ》浪曲家」と呼んでいる。

私はその当時の自分の気持ちや行動を、決して後悔《こうかい》はしておりません。シベリヤでの辛《つら》い経験と、押しつけられたとはいえ、社会主義的訓練の中から、私はたしかに大衆《たいしゅう》の立場に立つものの考え方というものを学んだのです。（中略）、多くの方々の激励と批判《ひはん》を受けて、私の考え方もその後少しずつ変化《へんか》して行きました。なによりも〝共産主義的浪曲〟を舞台にのせると、観客が感動してくれないという厳粛な事実が、私に反省を与えたのです。まことに大衆は鏡《かがみ》でした。[5]

「お客様は神様です」の精神は、シベリア抑留時も日本帰国後も変わらなかった。日本がソ連に占領されていたら、三波は「赤い浪曲師」のままであり続けたはずだ。シベリア帰りの日本人の言動は、ソ連に占領されたニッポンをシミュレーションする格好の題材となる。

文芸評論家・磯田光一は『戦後史の空間』（1983年）の「もう一つの〝日本〟」という章で、「サモワール・メモワール」が「「戦後」そのものの枠組を破砕する」試みにつながると指摘している。磯田は、ソ連に占領された「もう一つの日本」では、「保守政党の政治家の半分以上は、共産党に入党していた」と予測する。

> 衛星国になったときに締結された日ソ安保条約にたいして、民族的な規模の反安保運動が起ったとしたら、そのとき保田與重郎と竹内好との思想は重なりあい、反安保の最先端部において、三島由紀夫、吉本隆明、井上光晴らの政治的ヴェクトルは一致し、その裾野《すその》にリベラリズムを支持する広汎《こうはん》な知識人層が位置したことであろ

う。そして政権を担当する共産党は、自主独立を内心では求めつつも、ソ連を刺激しないように日ソ安保反対運動を粛清する道をえらんだであろう。[6]

「サモワール・メモワール」では、ソ連に都合の良い選曲の様子が描かれた。それを磯田は政治や思想の問題にまで拡大して考えた。この思考実験では、戦後社会の基軸となってきた「保守対革新」――いわゆる55年体制――の構図が簡単に取り払われている。正反対のイデオロギーを持つ保《やす》田《だ》與《よ》重郎《じゅうろう》と竹内好《よしみ》の思想的な共通性が浮かび上がり、反共という観点から三島由紀夫、吉本隆明、井上光晴らが共闘するというのだから驚きだ。磯田は、まったく別の対立軸をもとに戦後日本が形成された可能性に言及し、「戦後」の枠組み自体を取り払う、すなわち「既成のさまざまな思想を吹きさらしの風に当てて検証する」作業が必要だと論じている。[7]

　さらに磯田は、アメリカ占領下とソ連占領下では、どちらが「幸福な」社会であったかと問いかける。小林信彦の「サモワール・メモワール」では、ソ連占領下に暮らす主人公が、アメリカ占領下の生活を想像し、「いまより不幸になっている」と予想している（新潮文庫版、77頁）。このソ連優位の発想について磯田は、「共産圏にバラ色の幻影をえがいた戦後知識人の認識」と同じとしながらも、もう一歩踏み込んで考える必要性を訴えている。

既成の概念をすべて廃して、共産圏を〝公的統合にもとづく情報過少国家〟としてとらえ、自由主義圏を〝情報過剰によって個人に過当競争を強いる国家〟としてとらえなおすならば、アメリカ占領を「不幸」とし、ソ連の衛星国を「幸福」とする右の小説〔引用者注 「サモワール・メモワール」〕の人物の判断にも、半面の正しさが含まれているといわざるをえない。[8]

自由主義か共産主義かというイデオロギーの優越だけではなく、価値観の基準にはさまざまな「物差し」が存在する。流通する情報量を「物差し」にする発想に異論はあるかもしれないが、磯田のこの読み替えは重要である。というのは、分断国家ニッポンの発想が冷戦下でのみ有効なわけではないことに気づかせてくれるからだ。

20世紀は、アメリカとソ連の冷戦構造を背景として、わかりやすい二項対立で世界を把握でき、「分断」の状況も想像しやすかった。しかし21世紀は、冷戦構造の終結、情報量の圧倒的な拡大等に伴い、単純化して世界を捉えるのが難しくなっている。だからこそ、イデオロギーとは異なる視点（＝「物差し」）で現実世界を捉え直す思考実験が求められている。ポスト冷戦期の現代においても、「分断」の発想がさまざまな応用可能性を持っていることを、磯田の論考は示していた。

本章では、連合国による日本分割統治計画が戦後明らかになっていく過程を紹介した。1970年代から80年代の「ニッポン分断もの」の特徴は、既存の価値観に問い直しを迫るという点にあった。井上ひさし『一分ノ一』も、小林信彦「サモワール・メモワール」も、ニッポン分断の物語が単なるパラレルワールドの提示にとどまるものではなく、戦後日本が築きあげてきた思考のパラダイムシフトを誘発しうることを示した。

次章では、1990年代以降に刊行された「ニッポン分断もの」に着目し、新たな思考の枠組みがどのように形成されうるのかを明らかにしていく。

サイドワイズ　ニッポン［1970年代―80年代］

日本と朝鮮半島が入れ替わった作品

豊田有恒の短篇「昨日《きのう》ばかりの明日《あした》」[*5]（1975年）では、主人公が終戦後に北日本（日本民主主義人民共和国）と南日本（大和民国）に分断された「もう一つの世界」に迷い込んでしまう。この世界では、福島県と新潟県までが北日本の領土であったが、国境紛争が起こり、北日本は名古屋までを占拠する。しかし、アメリカ軍の東京湾上陸作戦によって北日本の領土は押し戻され、隅田川が軍事境界線となった。「東京の西部」は北の領土とされているが（単行本、142頁）、主人公が迷い込んだ渋谷区（隅田川より西側）は南日本の領土として描かれており、「東京の東部」の間違いかもしれない。南日本では、朝鮮半島との結びつきを強め、行き交う人々が朝鮮語を話し、店の看板にはハングル文字が溢れかえっていた。なお、朝鮮半島（高麗共和国）は分断されておらず、1964年のオリンピックもソウルで行われた。日本と朝鮮半島が入れ替わった「ニッポン分断もの」の先駆的な作品である。

自衛隊のクーデタを契機とした作品

藤本泉の「ひきさかれた街」では「陸軍の中堅将校が、首相官邸と放送局を占領した」事件が、「時界を超えて」では「旧自衛隊のクーデター」がニッポン分断のきっかけとされている。『こちら葛飾区亀有公園前派出所』の作者・秋本治が描いた短篇漫画「柴又戒厳令」[*10]（１９７９年）では、自衛隊の反乱軍とゲリラ組織（「都会の豹」）が、たまたま同じ日（2月26日）に東京を占拠する。「都会の豹」は東京利己主義共和国の設立を宣言し、東京を追われた政府は、大阪に日本国臨時政府を樹立して対応にあたる。反乱軍と「都会の豹」が同盟軍を設立しようとしたところで、大地震に見舞われ、国が二つに分断されてしまう［図２‐８］。

図2－8　秋本治「柴又戒厳令」『秋本治傑作集　上』(集英社文庫、1999年)、258頁

スパイを題材とした作品

「ニッポン分断もの」は東西冷戦を背景とした「スパイもの」の題材として使われる。笠井潔の短篇「鸚鵡の罠」（１９８６年）では、戦争に負けた日本が三分割され、西日本は日本皇国、東日本は日本社会主義共和国、首都圏は東京市国として独立する。東日本はソ連、西日本はアメリカの影響下にあり、それぞれが東京市国を自陣営に引き込もうと画策している。ある日、東京市国で大統領特別秘書官を務める主人公のもとに、戦争で消息不明となった姉の娘（＝姪）から手紙が届く。姪は東日本の北海道で暮らしているというが、同封されてきた姪の写真は、顔つきや黒子の位置から判断すると、消息不明の姉（姪の母親）にしか見えない。これは罠なのか――［図２-９］。

図２-９　笠井潔「鸚鵡の罠」『SFアドベンチャー』1986年７月号、80頁

図２‐10　斎藤博『小説日本分割』愛知通信、1988年
「市場開放を拒む愚か者はだれだ!!」「米ソの陰謀で日本が分割される」という言葉が記されている

「日本脅威論」をもとにした作品

斎藤博『小説日本分割』[25]（１９８８年）では、アメリカがソ連と手を結び、市場開放を拒む日本を攻撃して、二つに分断させてしまう。東日本では日本闘産党委員長を中心とした臨時革命政府が仙台に樹立され、西日本では京都に日本自由主義共和国が成立する［図２‐10］。同じ年には、アメリカが日米安保条約を破棄し、日本を経済封鎖する近未来を描いた水木楊『１９９９年日本再占領』（１９８８年）も刊行されている。いずれもバブル絶頂期の「日本脅威論」をもとにした作品である。

第3章　ポスト冷戦期の「分断後論」

仮想戦記が描く「仮想戦後」

本章では、まずは1990年代に刊行された架空戦記や一般小説の中で、ニッポン分断をモチーフとした作品（「ニッポン分断もの」）を見ていきたい。

『歴史群像』（1997年8月号）には、読者投票をもとにした架空戦記のランキングが掲載されている［図3-1］。ジョン・ハケットらの『第三次世界大戦』（1978年）のヒットの影響で、80年代は近未来の戦争を題材とする「未来戦記」が数多く書かれた。これに対して90年代は、史実とは異なる「もう一つの歴史」を描いた「過去戦記」が多くの読者を獲得した。この読者投票では、戦国時代を扱った作品以外は、太平

順位	作品名	作者	出版年	票数
1	レッドサン ブラッククロス	佐藤大輔	1993年－	582
2	紺碧の艦隊	荒巻義雄	1990年－	497
3	異　戦国志	仲路さとる	1994年－	371
4	旭日の艦隊	荒巻義雄	1992年－	340
5	八八艦隊物語	横山信義	1992年－	326
6	反　関ヶ原	工藤章興	1993年－	249
7	ラバウル烈風空戦録	川又千秋	1988年－	213
8	不沈戦艦　紀伊	子竜螢	1996年－	165
9	黎明の艦隊	檀良彦	1995年－	141
10	反・太閤記	桐野作人	1995年－	103
11	征途	佐藤大輔	1993年－	95
12	修羅の波濤	横山信義	1994年－	81
13	逆撃　関ヶ原合戦	柘植久慶	1993年	79
14	超弩級空母　大和	奥田誠治 三木原慧一	1996年－	73
15	侵攻作戦　パシフィック・ストーム	佐藤大輔	1994年－	64
16	撃滅北太平洋航空戦 覇者の戦塵1942	谷甲州	1997年	58
17	大逆転！ 2003年 戦艦「武蔵」	檜山良昭	1993年－	50
18	新生・日米総力決戦：仮想戦史	川南誠	1993年－	48
19	帝国の決断	秋月達郎	1994年－	40
20	大逆転！幻の超重爆撃機「富嶽」	檜山良昭	1992年－	38

図3－1　「仮想戦記人気ランキングベスト20発表！」『歴史群像』1997年8月号、151頁

葉書の総数1426通、総得票数4278票。１人が３作品を選出した

洋戦争を題材とした「過去戦記」が挙げられている。１位を獲得した『レッドサン　ブラッククロス』（佐藤大輔）、２位の『紺碧の艦隊』と４位の『旭日の艦隊』（ともに荒巻義雄）は、日本がアメリカやナチス・ドイツと互角に渡り合う「上向きの反実仮想」である。こうした作品が支持されたのは、バブルの高揚感が残る中で、日本人の揺るぎない自信が歴史観にも反映された結果と見ることができよう。

読者投票の中で「下向きの反実仮想」であるニッポン分断を扱った作品は、11位の佐藤大輔『征途』[*35]（１９９３－９４年）と17位の檜山良昭『大逆転！　２００３年　戦艦「武蔵」』[*47]（１９９３－９９年）のみである。

佐藤大輔『征途』は、著者が急逝した２０１７年に愛蔵版が刊行されるなど、ファンの間で特に人気の高い作品だ。

日本は１９４４年10月に始まったレイテ沖海戦でアメリカに敗れている。しかし、もしも栗田健男中将の率いる艦隊（栗田艦隊）が海上で謎の反転をしていなければ、アメリカに一矢を報いるチャンスがあったとも言われている。『征途』では、この「歴史のｉｆ」をモチーフとし、主人公の藤堂明が指揮を執る戦艦大和の活躍で、日本がレイテ沖海戦で「勝利」を収める。

しかし、この歴史改変は日本の命運に大きな影響を与える。アメリカの対日作戦に遅れが生じたことで、ソ連が樺太南部と北海道北部へと侵攻し、アメリカは函館（25日）と旭川（26日）に反応弾（核兵器）を投下する。日本は29日にポツダム宣言を受諾し、樺太南部と北海道北部はソ連に、千島列島と北海道南部、本州・九州・四国・沖縄はアメリカに占領されることが決定した。北海道は留萌と釧路を結ぶ線で分断され、北側には日本民主主義人民共和国が建設された。第1章で確認したように、留萌と釧路を結ぶ線は、スターリンが実際に考えていた分断線である。

90年代に刊行された「ニッポン分断もの」は、史実と照らし合わせた時に、実際にありえたかもしれない世界の範囲内で物語が展開されている。この特徴を本書では、「史実との参照可能性」と呼ぶ。「ニッポン分断もの」の分断線を確認してみると、太平洋戦争時に起こりえた北海道占領（津軽海峡が分断線）や東北占領を描いた作品が少ないことに気がつく［図3‐2］。

たとえば、『探偵はバーにいる』（1992年）でデビューした北海道出身の作家・東直己の『沈黙の橋』[*38]（1994年）では、太平洋戦争で北海道がソ連に占領され、東西に分断された札幌が舞台となっている。多国籍軍の管理する西札幌が東側の領土に「飛び

分断線	作　品
北方四島～北海道	山田正紀『影の艦隊』（92－95年）
留萌～釧路	佐藤大輔『征途』（93－94年）
津軽海峡	東直己『沈黙の橋』（94年）、井上淳『連合艦隊、津軽海峡を封鎖せよ』（94年）、同『日本南北戦争』（95－96年）
福島～新潟	檜山良昭『大逆転！　2003年　戦艦「武蔵」④⑤』（96年　※当初は東北が分断線）
利根川～信濃川	豊田有恒『日本分断』（95年　※当初は津軽海峡が分断線）
利根川～新潟	夏見正隆『レヴァイアサン戦記』（94－96年）、同『わたしのファルコン』（95－96年）
隅田川～信濃川	水木楊「南北日本統一」（91年）
静岡～新潟（東経139度線）	矢作俊彦『あ・じゃ・ぱん』（92－94年）
四分割	村上龍『五分後の世界』（94年）
日本の一地域（新潟、関東地方）	佐藤亜紀『戦争の法』（92年）、押井守、大野安之「西武新宿戦線異状なし」〔漫画〕（92－93年）

図３－２　90年代に刊行された作品の分断線
水木楊『2025年日本の死』など、未来のことを描いた作品は除外した。分断線の存在しない井沢元彦『小説「日本」人民共和国』も除外した

地」として存在し（検問所以外の陸上交通は遮断されている）、東西札幌をつなぐ豊平橋の検問所が「チェック・ポイント・タンゴ」と呼ばれているので、ドイツの東西分断を参考にしたのだろう［図３‐３］。

東西ベルリンを結ぶ国境検問所は「チェック・ポイント・チャーリー」と呼ばれていた。これは「検問所Ｃ」のような意味であり、日本語で「ドはドーナツのド」と説明するのと同じように、「ＡはAlfa」、「ＢはBravo」、「ＣはCharlie」と説明さ

図3-3　東直己『沈黙の橋』ハルキ文庫、2000年、5頁
東札幌には、「レーニン通り」、「小林多喜二通り」、「8月15日通り」、「人民鉄道札幌中央駅」などが存在する

れたことに由来する。豊平橋（Toyohirabashi）の頭文字であるTは、「TはTango」で説明されるので、「チェック・ポイント・タンゴ」となる。この「もう一つのニッポン」では、北海道を占領したソ連が日本民主主義人民共和国を建国するが、札幌市西部に集結する難民の管理に手を焼き、米・英・仏を主体とする多国籍軍の進駐を認めたという設定になっている。

誤解のないように述べておけば、90年代の「ニッポン分断もの」の内容がノンフィクションに近いわけではない。たとえば、『沈黙の橋』にはこんな場面が登場する。南日本に住む主人公が「東札幌バスツアー」に参加し、豊平橋を通過しようとすると、右翼の街宣車が検問所の警官を次のように威嚇していた。

こらぁ！　おまわりぃ！　キィサマはなぁにを考えているのかぁ！　日本国民が日本の領土へ行くのに、なぁぜ、パスポートの提示が必要なのかぁ！　こら、キサマ、キサマのことだ、バカモノ！　キィサマァ、露助の手先かぁ！（文庫版、66頁）

「饒舌の橋」と化した検問所の様子も描かれており、『沈黙の橋』は読み物としての面白さも備えている。ただし、分断線の位置などは、実際に起こりえた範囲内で設定されているので、「史実との参照可能性」を確認できるということだ。

豊田有恒『日本分断』[*43]（1995年）は、第二次世界大戦でソ連が北海道を占領して日本民主主義人民共和国を樹立するところから始まる（「北海道人民共和国」と説明されている箇所もある〔2巻、37頁〕）。本州、四国、九州には、アメリカの支援する大和《だいわ》民国が設立された。しかし各地で日本共産党を中心としたストやデモが繰り返された。1950年7月には、北海道の人民共和国軍が本州に侵攻を開始し、東北地方を占領する。これによって利根川と信濃川を結ぶ線が分断線となり、休戦協定が結ばれた［図3－4］。

図3－4　豊田有恒『日本分断1』実業之日本社、1995年、6頁

井上淳『連合艦隊、津軽海峡を封鎖せよ』[*40]（1994年）と続篇『日本南北戦争』[*46]（1995－96年）でも、当初は津軽海峡が分断線であった。やがて北日本と南日本の間で内戦が起こり、戦線は徐々に南下し、北海道から本州での戦いに移っていく。豊田と井上の作品は、いずれも実際にありえたかもしれない北海道の占領から物語が始まっている。

水木楊「南北日本統一」[*30]（1991年）では、隅田川と信濃川を結ぶ線が分断線となっている。分断の設定自体は史実とかけ離れたものだが、複雑な東アジア情勢の中で、再統一がいかに困難な作業になるかという現実問題に光が当てられている。

これらの作品はフィクションでありながらも、ほんの少しのボタンの掛け違いがあったら、そのような物語世界が生まれてもおかしくはなかったと感じさせる「リアリティ」を持っている。90年代の「ニッポン分断もの」には、そうした作品が少なくなかった（後述するように、2000年代の作品になると、この前提に変化が表れてくる）。

日本と朝鮮半島が入れ替わっちゃった！

1990年代の「ニッポン分断もの」のもう一つの特徴は、想像上の戦後（史）、すなわち「仮想戦後」を描くという点だ。

佐藤大輔『征途』では、藤堂明の長男である藤堂守は「赤い日本」（日本民主主義人民共和国）の空軍に所属し、次男の藤堂進は、日本の海上自衛隊の幹部として活躍する。運命によって引き裂かれた兄弟の動向を追う形で、60年代のヴェトナム戦争、90年代の湾岸戦争といった「もう一つの戦後史」が描かれる。『征途』は全3巻で刊行され、第2巻（中巻）のクライマックスは、1982年4月30日に分断都市・旭川で行われた南北定期会談であり、ここで藤堂兄弟は初めて再会を果たす。第3巻（下巻）では、「赤い日本」における軍事クーデタから統一戦争へと至る最終局面が描かれる。

『征途』を読むと、分断国家ニッポンという「もう一つの戦後」が、史実よりも悪い歴史なのか、それとも史実よりも良い歴史なのか分からなくなってくる。藤堂家という引き裂かれた家族の物語のことを思えば、「上向きの反実仮想」でないのはたしかだ。とはいえ『征途』では、私たちの世界よりも魅力的に思える「仮想戦後」が描かれており、「下向きの反実仮想」とも言い切れない。そうした点を読み手に考えさせるところに、この物語の魅力があるのかもしれない。

90年代に刊行された「ニッポン分断もの」には、日本が朝鮮半島と同じ運命をたどった世界を描いた作品も多い。前述の『歴史群像』読者投票で17位にランクインした檜山良昭『大逆転！　2003年　戦艦「武蔵」』（1993−99年）は、旧日本海軍の戦艦「武蔵」が現代にタイムスリップする物語で、第4巻（1996年）が「日本分断編」、第5巻（97年）が「東西激突編」となっている［図3 - 5］。

主人公らは、タイムスリップを繰り返すうちに、1945年に分断国家となった20

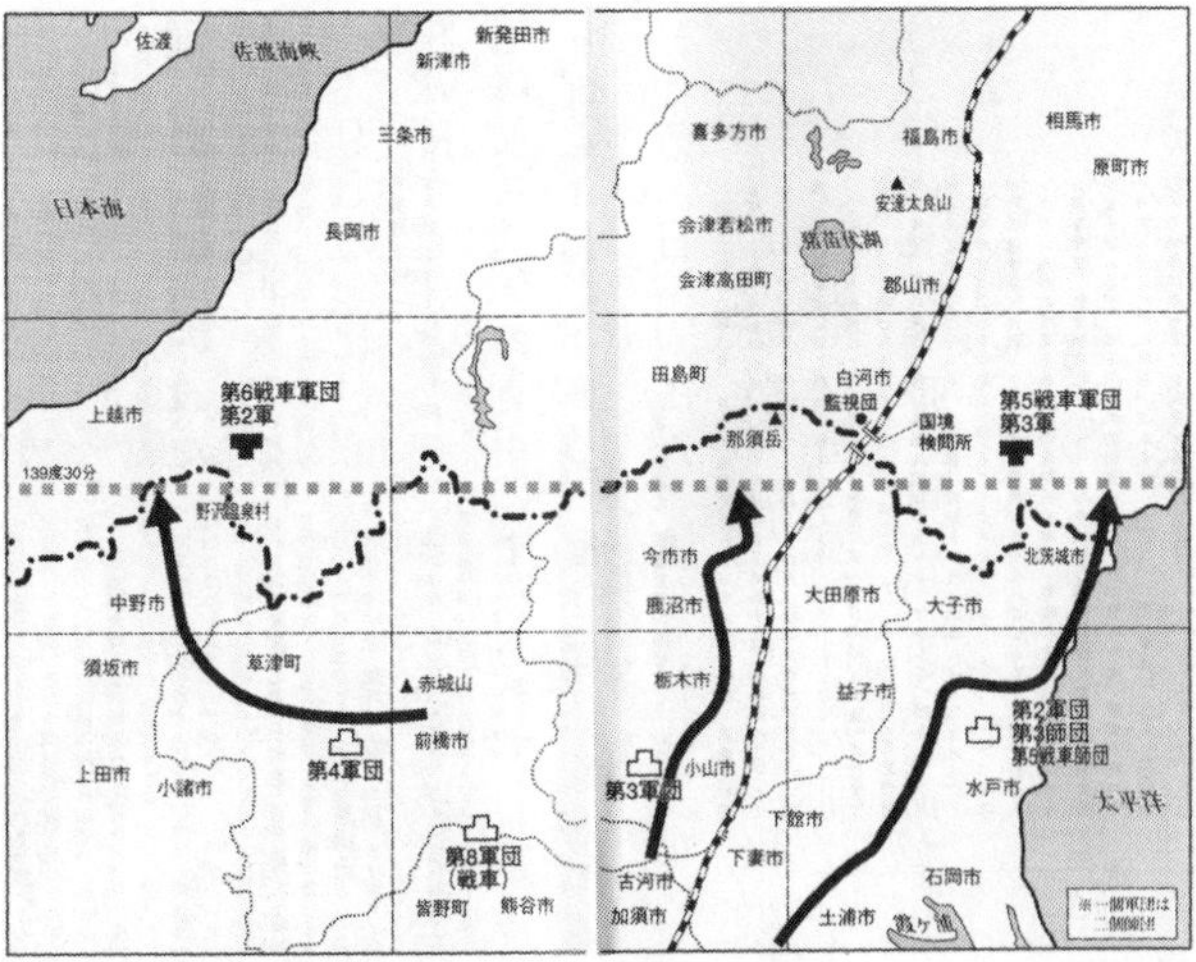

図３－５　檜山良昭『大逆転！ 2003年 戦艦「武蔵」 第４巻』（光文社、1996年）、４－５頁

「若い世代には非現実的な話に思えるだろうが、昭和二十年八月には、日本が朝鮮半島やドイツと同じように、東西に分断され、異なった体制の許で生きるという状況が切迫していたのである」（本のカバーの「著者のことば」)。地図の「(東経) 139度30分」は「北緯37度」の間違いか

０３年の「もう一つのニッポン」に行き着いてしまう。この世界の日本は、「未来人」の助言によって、アメリカの原爆投下計画を断念させることに成功していた。それによって、１９４５年８月15日の時点で太平洋戦争は継続していたが、北海道と東北をソ連に占領された日本は、４６年３月12日に降伏してしまう。北海道と東北には、ソ連の傀儡国家である日本人民民主主義共和国が設立され、関東以西はアメリカ、イギリス、中

国、フランスの四か国による共同統治となった。51年3月に内戦が勃発したが、54年6月に休戦協定が結ばれ、福島県と新潟県の県境を軍事境界線として定めることが決定した。物語の設定は現実離れしているが、終戦時期がずれて分断国家になる展開は、佐藤大輔『征途』と同じである。

1950年に独立が認められた日本（西側）では、70年には日本社会民主党の浅沼稲次郎が首相となって日米安保を破棄する。しかし、東側との統合を進めようとした浅沼は反共団体の青年に暗殺されてしまう。その後は、保守中道の連立政権が誕生して軍備と経済政策の強化を進めていく。

一方、日本人民民主主義共和国（東側）では、亡命先のモスクワから戻った徳田球一ら日本共産党の幹部が実権を握る。野坂参三や宮本顕治はソ連に依存する体制を変革しようとしたが、ソ連に近い石橋茂則という人物のクーデタが成功する。たとえば、2003年の札幌の様子は次のように描かれている。

交通標識が驚くほど少なく、道路一杯に広がった自転車を、警笛を鳴らし続けながら、車が走っている。馬車やリヤカーも動いている。右手のほうに見えるアパー

日本民主主義 人民共和国	佐藤大輔『征途』(93－94年)、東直己『沈黙の橋』(94年)、豊田有恒『日本分断』(95年　※当初は「北海道人民共和国」という記述もあり)
日本人民民主主義 共和国	檜山良昭『大逆転！ 2003年 戦艦「武蔵」④⑤』(96年)、矢作俊彦『あ・じゃ・ぱん』(92－94年)
北日本民主主義 人民共和国	井上淳『連合艦隊、津軽海峡を封鎖せよ』(94年)、同『日本南北戦争』(95－96年)
北日本民主人民共和国	水木楊「南北日本統一」(91年)
東日本共和国	夏見正隆『レヴァイアサン戦記』(94－96年)、同『わたしのファルコン』(95－96年)
日本群島人民共和国	山田正紀『影の艦隊』(92－95年)

図3－6　東日本（北日本）の国名（90年代に刊行された作品）

ト群は、労働者用の団地らしい。そして、道路の左右には、百メートルほどの間隔で看板が立てられ、「鉄の団結を」とか、「偉大なる石橋主席のために団結を」とか、「生産増強」と言う、スローガンを書いたポスターが貼ってある。

（第4巻、116頁）

石橋が偉大な指導者として崇拝の対象となっていく様子は、明らかに北朝鮮をモデルとしている。

９０年代の「ニッポン分断もの」が採用した東日本（あるいは北日本）の国名を見て、北朝鮮（朝鮮民主主義人民共和国）を連想する人も少なくなかったはずだ［図３－６］。

前述の豊田有恒『日本分断』（１９９５年）では、日本と朝鮮半島の運命が入れ替わった世界が描かれている。この「もう一つの世界」では、1988年に分断国家として世界初のオリンピックが東京で開催される。一方で、朝鮮半島は分断されずに人口一億の先進国となり、経済発展を続けている。

厳密には90年代の刊行ではないが、井上淳『赤い旅券《パスポート》』*26（1989年）も同様の設定で、南日本の東京で開催予定のオリンピックに北日本が共同開催を申し入れる。史実のソウルオリンピック（1988年）を連想させる物語となっている。

1989年11月にベルリンの壁が崩壊し、12月には冷戦の終結が宣言された。90年代には北朝鮮の様子がメディア報道で頻繁に紹介され、森詠『日本朝鮮戦争』（1993−97年）、志茂田景樹『北朝鮮崩壊ス』（1994年）といった対北朝鮮をモチーフとした近未来小説も刊行された。日本が朝鮮半島と同じような運命をたどらなくて良かったという安堵感が、右で紹介したような作品を生み出したと言えるだろう。

「敗戦後論」から「分断後論」へ

90年代に刊行された「ニッポン分断もの」には、「上向きの反実仮想」と見紛うような作品、つまり、分断の状況に希望を見出そうとする作品も存在する。

山田正紀『影の艦隊』[*34]（1992―95年）は、北方領土の独立をモチーフとした「ニッポン分断もの」である（第5章で論じる「独立国家もの」に分類すべきかもしれないが、ソ連による分断国家としての側面もあるので、本書では「ニッポン分断もの」として論じる）［図3 - 7］。

戦後日本を駆け抜ける超高速駆逐艦と若者たち

もうひとつの戦史は
アメリカでも大流行

山田正紀

図3 - 7　山田正紀「戦後日本を駆け抜ける超高速駆逐艦と若者たち　ヴァーチャル・ヒストリー「影の艦隊」の壮大な意図を語る」『奇想艦隊　スーパー・シミュレーション大冒険王』創刊号（1993年春号）、92－93頁

この世界では1945年8月15日以後もソ連との戦闘が続き、ソ連は洗脳したシベリア抑留兵（旧日本軍人）3000名を北方四島に送り込み、独立国（北日本人民共和国）を作ろうとした。この試みはうまくいかなかったが、北方四島には日本人の手によって社会主義国家・日本群島人民共和国が建国され、社会主義の理想に共鳴した日本の若者たちが集結した。本のタイトルである「影の艦隊」は、超高速駆逐艦を有する日本群島人民共和国の軍隊のことを指す。

作者の山田は、この物語が「架空の戦後史」

であるとし、「現実にはない補助線を一本引くことで、全体の構図がより鮮明に見えてくる」と述べている。「補助線」とは、「もしも日本人が社会主義の国を実現させていたら」というifのことだ。山田は次のように続ける。

　日本の戦後史を見るかぎり、社会主義の実現が、若者たちの理想として、燦然と光り輝いていた時期があったことは否定しきれません。現在の視点で見れば、その理想はなんとも愚かしいものに思われますが、社会主義国家の建設が若者たちの唯一の希望であった。たしかにそんな時代がありました。そして、その理想を完全に誤りだった、と否定しきれるほど、戦後の日本、現代の日本が人類史に誇れるものだとは、とうてい思えません。むしろ、いまのぼくたちはどこにも理想を見いだせずに、悶々としている、というほうが実情なのではないでしょうか。[1]

『影の艦隊』は、朝鮮戦争、ヴェトナム戦争、カンボジア内戦といった「仮想史《ヴァーチャル・ヒストリー》」、より厳密に言えば、「仮想戦後史《ヴァーチャル・ポスト・ウォー・ヒストリー》」の中で、分断国家が果たしえた役割と、社会主義の理想と現実を追っていく。山田は、「何かの理想に殉じて行動する人間」への興味があると述べており、日本群島人民共和国は、ソ連の傀儡国家であることを止め、日本、アメリカ、ソ連いずれの国家とも距離を取りながら、進むべき道を模索していく。社会主義の視点から戦後史のリトライ（再試行）を行ったのが『影の艦隊』だとすれば、戦後民主主義からの脱却をモチーフとして同じ試みを行ったのが、村上龍『五分後の世界』[*37]（1994年）である［図3-8］。

「ニッポン分断もの」の中でもっとも多くの読者を獲得したであろうこの作品では、連合国に無条件降伏をせず、本土決戦に挑んで分割統治されてしまった「もう一つのニッポン」が描かれている。北海道と東北はソ連、それ以外の本州と九州の大半はアメリカ、西九州は中国、四国はイギリスに占領されてしまった。東京（「オールドトウキョウ」と呼ばれている）には国連の統合本部が置かれ、アメリカ軍が駐留している。そうした異世界に主人公は迷い込んでしまった。

『五分後の世界』の設定は、九州の一部が中国に占領されるなど、第2章で説明した四か国による分割統治案とは厳密には異なっている。原子爆弾が小倉、新潟、舞鶴にも投下されるなど、史実からかけ離れた記述も少なくない。物語の主たる舞台も「アンダーグラウンド」と呼ばれる地下都市だ。そこに、太平洋戦争で生き残った約26万人の日本

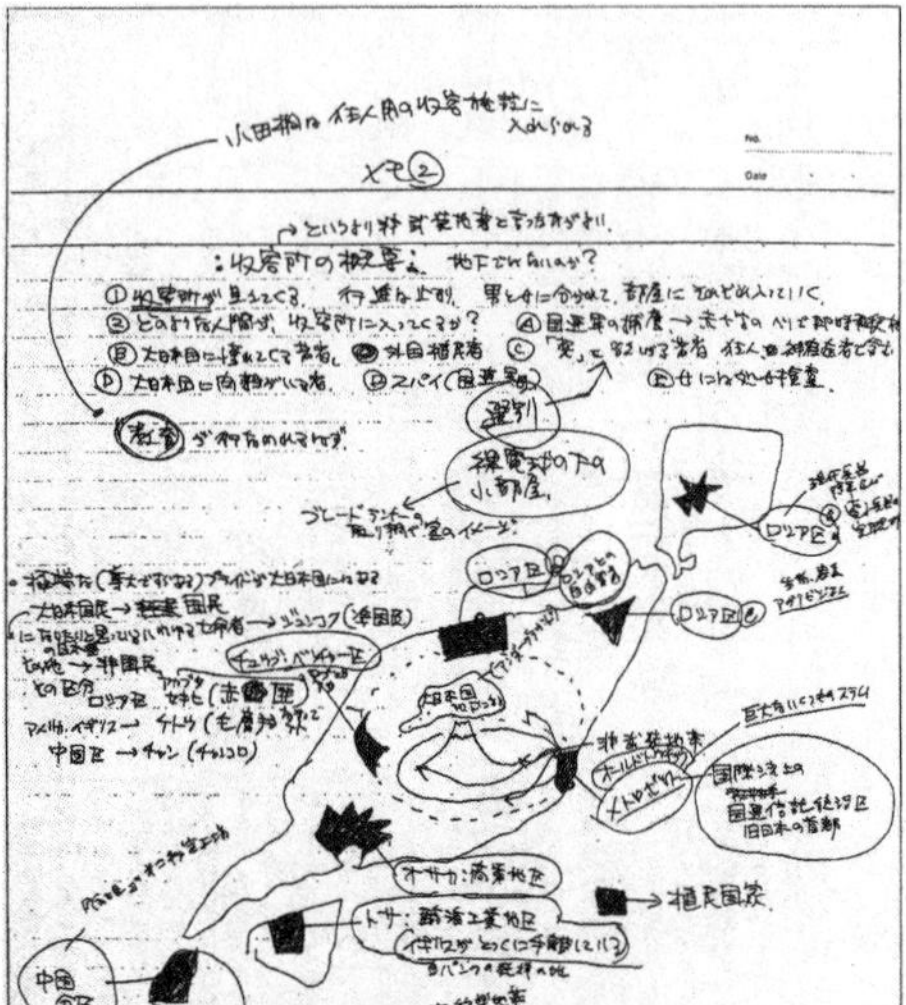

図3－8　村上龍が描いた日本の分割図
村上龍、小山鉄郎「『五分後の世界』をめぐって――日本は“本土決戦”をすべきだった！」『文學界』1994年6月号、263頁

人が潜伏し、国連軍へのゲリラ戦を展開している。

なぜ村上はこうした物語設定を採用したのか。『文學界』（1994年6月号）に掲載されたインタビューで村上は、太平洋戦争で日本は本土決戦を行うべきであったと答えている。そうすれば、日本人の守るべきものがはっきりしたはずだが、「領土に一兵も来ないうちに「まいりました」と言ったわけだから、何を守っていいかわからない」状態に陥ってしまったというわけだ。村上は守るべきものの例として、言語、天皇制、能や歌舞伎などの伝統芸能を挙げている。[2]

『五分後の世界』では、本土決戦を回避しなかった「もう一つのニッポン」（＝アンダーグラウンドの世界）と、回避した日本（＝私たちの現実世界）が対比的に描かれている。アンダーグラウンドの世界では、アメリカに依存する日本人の様子が次のようにシミュレーションされ、批判的に取り上げられている。

アメリカ人が着ている服を着たがる、アメリカ人の好きな音楽を聞きたがる、アメリカ人が見たがる映画を見たがる、アメリカ人が好きなスポーツをしたがる、ものすごく極端に言えば、ラジオからは英語が流れて、街の看板もアルファベットばかりになり、人々は金色や赤に髪を染めて、意味もわからないのにアメリカの歌に合わせて踊る、というところでしょうか（文庫版、156－157頁）

私たちの現実世界では、アメリカに親近感を持つ人が少なくない。これに対して、アンダーグラウンドの世界では、暴力的ではあるものの、どの国にも依存せず自立して生きる姿が強調されている。小学生向けの教科書にも、「勇気とプライド」を重視すべきだと書かれている。

われわれはどの国の助けもかりずにいままで生きのびてきて、どの国にも降伏せず、どの国にも媚《こ》びず、どの国の文化もまねずに、すべての決定を、われわれじしんがくだしてきて、全世界に影響をあたえつづけています。（中略）敵にもわかるやりかたで、世界中が理解できる方法と言語と表現で、われわれの勇気とプライドを示しつづけること、それが次の時代を生きるみなさんの役目です

（文庫版、145―146頁）

『影の艦隊』と『五分後の世界』は、「史実との参照可能性」が重視されているわけではない。その意味では、既存の価値観の問い直しを迫る80年代の「ニッポン分断もの」に近い作品と言えるだろう。

両作品は、イデオロギー的には正反対の発想を持つが、分断という極限状態から始まる物語によって、日本社会のあるべき形を提示する方法は共通している。これらの「ニッポン分断もの」の特徴は、文芸評論家の加藤典洋が『群像』（1995年1月号）に発表した「敗戦後論」で訴えたかったものとよく似ている。

敗戦国である日本では、「正義の戦争」が「侵略戦争」と位置づけられ、責任の所在も曖昧にされてきた。憲法第九条を含む日本国憲法は、原子爆弾を使って戦争を終わらせたアメリカに押しつけられた。加藤が向き合おうとしたのは、そうした「ねじれ」から生じてくる「自分が汚れているという自覚」であった。

加藤は、太平洋戦争における日本人の死者（約300万）とアジア各国の死者（約2000万）の哀悼に関して、まずは日本人の戦死者と向き合うべきだと主張をした。しかもそれは、英霊としてではなく、「ねじれ」や「汚れ」を背負った人々として弔うというものであった。加藤は「悪」から「善」を生み出す手法でない限りは、敗戦と向き合うことはできないと考え、ロシアのストルガツキー兄弟の言葉、「きみは悪から善をつくるべきだ、それ以外に方法がないのだから」を繰り返し引用している[3]。

本書の議論と重ね合わせて言えば、「〇〇であってほしかった」とストレートな欲望を歴史に投影する「上向きの反実仮想」は「善」であり汚れのない無垢なものだ。しかしだからこそ、「善」は「悪」へと簡単にひっくり返り、時として「偽善」という名の腐臭を放つ。これに対して、「下向きの反実仮想」である分断国家ニッポンの発想は、「敗戦」や「分断」という「汚点」をまずは自らの内に抱え込む。そこから希望や理想を浮び上がらせるような構造になっていて、イデオロギーに関係なく物語を紡ぐことが可能となる。

加藤は、「日本の中で相対立する意見の間に議論が成立しない状況」を危惧し、保守とリベラルの両者を架橋する議論の枠組みを作ることを目指していた。加藤の主張はどの立場の人にとっても「苦い薬」であったため、批判にさらされ議論が深まらなかった。しかし、イデオロギーの違いを超えて議論が成立する共通の土台を加藤が作ろうとしていた点はもっと評価されてよいはずだ。[4]

本書は、「ニッポン分断もの」の分析から得られるものを「分断後論」という一つの思想として捉えなおすことを提案したい。加藤が「敗戦後論」を世に問うた１９９５年（戦後50年）は、日本人が敗戦と向き合うぎりぎりのタイミングだったのかもしれない。これから戦後80年、90年、１００年を迎える新しい世代にとっては、太平洋戦争の記憶自体と向き合うことも危うくなっている。数々の映像資料や戦争体験者の証言が残っているとしても、結局、人は自分自身の体験や身近な人の生きた言葉でなければ、感情が動かされ、教訓として生かされるまでに至らない。

戦争という「共通経験」が薄れていく中で、それに代わるものとして、本書では「ありえたかもしれないニッポン分断」に注目したい。次章で詳しく論じるように、戦後日本は、「日本人民共和国」が成立したり、北海道がソ連に占領されたりする分断危機を乗り越えてきた。そうした「ありえたかもしれないニッポン分断」と「分断後」のシミュレーションを、新しい未来を切り拓いていくための道標とする。つまり、１９４５年を起点とした「敗戦後論」から、１９４５年以外を起点とした「分断後論」に置き換えて考えるのだ。

戦後史のターニングポイントにおける「分断」に着目すれば、世代やイデオロギーを超えて多くの人が議論に参加しやすい枠組みを作ることができる。分断は、敗戦から現在に至るまでの間に起こりえた「もう一つの現実」なので、太平洋戦争を知らない世代も議論に参加しやすくなる。分断という最悪の状態が前提となるので、保守とリベラルといった対立軸も生じにくい。私たちが暮らすこの国が分断していたかもしれないという視点こそ、「戦後」に代わる新しいパラダイムになる可能性を秘めているのだ。

データベース化する「ニッポン分断もの」

1990年代以降の「ニッポン分断もの」が見せる「ある変化」も、「敗戦後論」を「分断後論」へと転換する必要性を示している。矢作俊彦《やはぎとしひこ》『あ・じゃ・ぱん』[*32]（1992－94年）は、そうした「変化」をいち早く示した作品と言えるだろう［図3-9］。

この物語では、1945年8月4日に、ソ連が北海道の稚内から留萌にかけての海岸線に上陸する。17日には、アメリカが原爆を富士山に誤って投下し、20日には長崎にも原爆を投下した。これによって日本は30日にハーメルン宣言を受諾し、敗戦が確定する。9月24日、日本は東経139度線（静岡～新潟）を境に分割占領された。アメリカとイギリスの占領地域となった西日本（大日本国）の首都は大阪で、標準語は関西弁となった。東日本はソ連の占領地域となり、日本人民民主主義共和国となった。1970年代に東日本政府が「壁」を作り、81年には北方四島が東日本に返還されている。

これだけでもなかなか奇抜な舞台設定であるが、この仮想「じゃぱん」をアメリカCNN（ニュース専門チャンネル）の黒人特派員が訪れ、東日本の反政府ゲリラ組織「独立農民党」の党首・田中角栄に単独インタビューを試みるというから驚きである。『あ・じゃ・ぱん』は、執筆に7年を費やしたという壮大な「仮想戦後」であり、さまざまなネタが仕込まれている。たとえば、田中角栄の側近として、飯沼勲の偽名を持つ平岡公威という人物が登場する。平岡は三島由紀夫の本名で、飯沼は三島の『豊饒の海』第二部『奔馬』に登場する右翼テロリストの少年の名である。あまりの設定の細かさに、ネット上では、年表作成や用語解説を行うページも登場した。

文芸評論家の福田和也は、この作品を以下のように評している。

膨大な言及、パロディ、皮肉、あてこすり等は、総体として到底理解不可能であり、文庫版では著

日本と日本民族への悪意を、ついに芸の域にまで高めた矢作俊彦が描く
壮大な疑似現代史。待望の最新電芸脳文学──サイバージャンク・ノヴェル!!
第1回
越の巻
A-JAP-AN
あ じゃ ぱ ん
矢作俊彦
図3－9　矢作俊彦「あ・じゃ・ぱん」『NAVI』1992年２月号、168頁。最初は、連作漫画にする予定だったという

者による注釈が付されるべきだが、意地悪な作家は拒否するだろう。[5]

文芸評論家の野崎六助は、『あ・じゃ・ぱん』の「分断五十年の歴史」について、「トリヴィアルなインフォメーションがやたらに面白い」と評価している。

一応は大枠にしたがって謀略小説ふうにプロットは展開していくが、横道に逸れて注釈やウンチクをひけらかすパーツも光っている。脇道に入りすぎて迷わされるところもあるが、そこが魅力なんだから迷ったままでも楽しめる。[6]

『朝日新聞』（１９９８年1月11日付朝刊）で社会学者の桜井哲夫は「驚天動地」の一冊だと紹介し、『文學界』同年4月号では視覚文化を専門とする生井英考が、矢作の試みを「裏返されたチェシャ猫の微笑のよう」だと論じている（チェシャ猫は『不思議の国のアリス』に登場するイタズラ好きの猫のこと）。

Ｂｕｎｋａｍｕｒａドゥマゴ文学賞（１９９８年度）も受賞した『あ・じゃ・ぱん』は紛れもない名作だ。しかし、９０年代の「ニッポン分断もの」の特徴である「史実との参照可能性」や分断後の「仮想戦後」という要素が骨抜きにされ、分断の設定が「ネタ」化されていく転機となった作品でもあった。

図3 - 10　夏見正隆『レヴァイアサン戦記』。左が徳間文庫版（1994−96年）、右が朝日ソノラマ版（2006年）

夏見正隆『レヴァイアサン戦記』[42]（１９９４－９６年）も、「ニッポン分断もの」の変容を語る上で重要な作品である［図３ - 10］。この物語では、日本はミッドウェー海戦（１９４２年６月）で大勝利を収めて、ほぼ対等な講和条約を結ぶ。しかし、国際社会の求めに応じてアジアの植民地を独立させた結果、深刻な不況に見舞われ、北海道や東北では、ソ連の支援を受けた革命勢力が力を持ち、西日本帝国と東日本共和国に分断されてしまう。東京も二つに分断され、六本木の交差点には東西を隔てる「六本木の壁」が設置された。『レヴァイアサン戦記』の分岐点は、他の架空戦記でもよく見かけるミッドウェー海戦に設定されている。分断国家の東側（東日本）も、90年代の他の作品と同じように、北朝鮮を想起させる独裁国家として描かれている。しかし『レヴァイアサン戦記』は、作中に怪獣が登場したり、会話文体が大半を占めたり、登場人物が漫画のキャラクターのように描かれたりと、これまでの「ニッポン分断もの」とは異次元の内容となっている。

作者の夏見は、2006年に朝日ソノラマ（ソノラマノベルス）から復刊された際、この本の「売り」を次のように語っている。

> レヴァイアサン戦記は、（中略）怪獣の出現が引き金になって衝突する東西日本の姿を描いていきます。二巻では有理紗や美月ももっと活躍します。どうか大団円までよろしくお付き合いいただけますよう、お願いいたします（しかし読者に一番人気の高いキャラが山多田先生だというのは、いったいどうしたことだろう）。
>
> （朝日ソノラマ版、Ⅰの357頁）

「山多田先生」というのは、東日本の独裁者である東日本共和国平等党中央委員長・山多田大三のことを指す。山多田が喜ぶ発言をした閣僚には「ざぶとん」が配られ、「金ざぶとん」1枚、「銀ざぶとん」5枚で「東日本国民が一生かかってもかなわない夢である、個人での海外旅行が許可される」といったハチャメチャな国の独裁者である（朝日ソノラマ版、Iの288頁）。

『レヴァイアサン戦記』の姉妹編『わたしのファルコン』[*45]（1995－96年）が朝日ノベルズから2010年に復刊された際、夏見は次のようにも述べている。

本作〈わたしのファルコン〉が、最初にソノラマ文庫から刊行された時は、まだジュブナイルとかヤングアダルトとか呼んでいましたが、現在ではこのような軽いSFのような話を美麗なイラスト付きで刊行する本のことを『ライトノベル』と呼ぶらしいです。（朝日ノベルズ版、Iの355頁）

ライトノベルは、かわいい表紙や挿絵、中高生向けの文体を特徴とする小説だ。文庫やノベルス（新書判）で販売されることが多い。ソノラマ文庫の創刊は1975年だが、ライトノベルの認知度が一気に上がったのは、2000年代に入ってからだと言われる。

『レヴァイアサン戦記』の朝日ソノラマ版（2006年）表紙も、ライトノベルを意識したものに変わっている［図3‐10］。

日本のオタク・カルチャーを分析した東浩紀は、「物語ではなく作品の構成要素そのものが消費の対象となっている」状態のことを「データベース消費」と呼んでいる。[7]背景にあるのは「大きな物語」の消滅だ。1990年代の後半には、社会全体で通用する価値観やイデオロギーが消滅し、特定の物語をみんなで共有しようという知の前提も崩壊した。ポストモダンと呼ばれる時代に登場したライトノベルは、物語よりも、メガネっ娘、ポニーテール、戦闘美少女といったキャラクター設定を重視するようになった。『レヴァイアサン戦記』と『わたしのファルコン』は、そうした傾向を持つ「ニッポン分断もの」であった。もちろん「分断」はキャラクター設定ではないが、作品の構成要素の一つであることは間違いない。

2000年以降は、「データベース消費」とまでは言えないとしても、物語を際立たせるために分断の設定を用いる「ニッポン分断もの」が増えてくる［図3‐11の○印］。これらの作品では、分断の設定と物語の展開に大きな関連性が見られない。本書が特に注目したいのは、分断の起こった時期を「太平洋戦争後」とし、物語の舞台を「現代」

（＝その作品が刊行された時期）に設定した作品だ［図3‐11の●印］。
たとえば、新海誠のアニメーション映画《雲のむこう、約束の場所》[*52]（2004年）では、津軽海峡を境とした分断国家ニッポンが舞台となっているが、分断の経緯や状況は十分に説明されていない。小説版『雲のむこう、約束の場所』（加納新太著、2006年）ではそれが詳しく書かれており、1945年10月にソ連が北海道を占領し、56年にはソ連を中心とする「ユニオン圏」が成立し、「エゾ」と改名された北海道もそこに組み込まれたこと、75年にユニオンが日本との国交を断絶したことなどが明らかとなる。しかし映画版では、こうした状況設定が明示されていない。[8]
長沢樹《ながさわいつき》『武蔵野アンダーワールド・セブン』[*68]（「多重迷宮」2013年、「意地悪な幽霊」2013―14年）の世界では、1946年に太平洋戦争が終結し、沖縄がアメリカ、北海道がソ連の統治下に入る。翌年には、アメリカ主導の新生日本国（通称「南日本」）とソ連の傀儡国家日本人民共和国（通称「北」）が誕生し、日本は津軽海峡を境とした分断国家となる。50年には、日本人民共和国が本州に侵攻して南北戦争が勃発し、岩手の宮古市と盛岡市、秋田の仙北市と秋田市を結ぶ線が停戦ラインとなる。1953年には、コンクリート製の壁が完成し、「陸奥の壁」と呼ばれた。しかし、こうした詳

分断の時期	物語の舞台	分断線
太平洋戦争後	1964年	北緯38度線
太平洋戦争後	2006年→タイムスリップにより終戦後へ	４分割
太平洋戦争後	現代	津軽海峡
1950年（朝鮮戦争後）	現代	４分割
太平洋戦争後	1970年代？	津軽海峡
不明	現代？	関西と関東
太平洋戦争後	「平世21年」	津軽海峡
不明	現代	東京をはじめとした列島東部が分断
2011年３月11日	3.11より前－2019年	関西と関東
太平洋戦争後	「並静13年」	津軽海峡→群馬・新潟県境
1979年	1979年	北海道
太平洋戦争後	2007年と2005年	宮古、盛岡、仙北、秋田を結ぶ線（当初は、津軽海峡）
1944年の大災害	1947年	米中による２分割
太平洋戦争後	現代	北海道
21世紀初頭	分断から数か月後	新潟〜仙台を結ぶ線
不明	現代？	昔日帝国、斜陽、十州の３つに分断
不明	現代？	東経138度線
太平洋戦争後	2000年代	津軽海峡
太平洋戦争後	2017年	福島・栃木・茨城・千葉までが東側（新潟は２分割）
現代（火星探査がきっかけ）	現代	東都、北都、西都と３つの国に分断
太平洋戦争後	1962年	北海道、東北〜群馬・栃木・埼玉・茨城・千葉までが東側（東京も２分割）
太平洋戦争後	1990年代－	樺太が北日本民主主義人民共和国。北海道と統一

かわぐちかいじ『太陽の黙示録』(2002年)、山田悠介『ニホンブンレツ』(2009年) など、明らかに未来のことを描いた作品は除外した。有栖川有栖『真夜中の探偵』(2011年) と『論理爆弾』(2012年) は、『闇の喇叭』(2010年) の続篇なので除外した。荒川弘「日本分割統治計画」(2011年) や砂川文次『小隊』も除外した

	作者	作品名	出版年
	竹内誠	RING OF RED　リングオブレッド	2000
	田中光二	超空の叛撃	2003
●	新海誠	雲のむこう、約束の場所【映画およびノベライズ本】	2004／06
	森詠	革命警察軍ゾル	2006－08
○	出渕裕（原作・石ノ森章太郎）	スカルマン　THE SKULL MAN【TVアニメ】	2007
	早狩武志	群青の空を越えて	2008
●	有栖川有栖	闇の喇叭	2010
○	杉井光	花咲けるエリアルフォース	2011
	桐野夏生	バラカ	2011－15
●	天王寺キツネ	ガンナーズ【漫画】	2011－16
	木元寛明	道北戦争1979　シビリアンコントロール機能せず	2012
●	長沢樹	武蔵野アンダーワールド・セブン（多重迷宮、意地悪な幽霊）	2013－14
	深見真（原作・竜騎士07）	ローズガンズデイズ　season1	2013－14
●	一二三スイ	さよなら流星ガール	2014
	山邑圭、押井守監修	東京無国籍少女	2015
○	樋口紀信	ディクテーターズ　列島の独裁者【漫画】	2015－17
	三崎亜記	愛国の魚群	2016
●	古川日出男	ミライミライ	2016－17
●	知念実希人	屋上のテロリスト	2017
○	田崎竜太他（原作・石ノ森章太郎）	仮面ライダービルド【TVドラマ】	2017－18
	池田邦彦	国境のエミーリャ【漫画】	2019－
○	二日市とふろう	現代社会で乙女ゲームの悪役令嬢をするのはちょっと大変	2020－

図3－11　2000年以降に刊行された「ニッポン分断もの」

●印は、ニッポン分断が起こった時期を「太平洋戦争後」、物語の舞台を「現代」（＝その物語が刊行された時期）に設定した作品。○印はそれ以外の「データベース消費型」作品（分断の設定と物語の展開に大きな関連性が見られない作品）

細な設定は、2000年代を舞台とした物語の展開にはほとんど生かされていない。終戦の時期が遅れ、北海道に壁が建設されたという設定の一二三《ひふみ》スイ『さよなら流星ガール』[*71]（2014年）も作品の構成要素として分断への言及があるだけで、物語の展開にはほとんど関連がない。

もっとも読者を獲得した「ニッポン分断もの」は村上龍『五分後の世界』だろうが、知念実希人《ちねんみきと》『屋上のテロリスト』[*78]（2017年）も人気を集めている。読書記録を管理するサイト「読書メーター」（株式会社トリスタ運営 https://bookmeter.com/）を見ると、この作品の登録数は5763（2021年5月5日現在）で他を圧倒している（1000を超える「ニッポン分断もの」は珍しい）。『五分後の世界』は5390（同）で『屋上のテロリスト』を下回っているが、刊行年が古いので全体の読者数はこちらの方が多いはずだ。『屋上のテロリスト』は、太平洋戦争を機に、西日本共和国と東日本連邦皇国に分断されたニッポンの2017年が舞台である。物語では、東西政府間の交渉や諜報戦の様子が描かれ、東側から西側へ亡命を試みた越境者（「東落ち」と呼ばれた）の存在も明らかとなる。ただし、分断後の「仮想戦後」が描かれるわけではなく、分断の時期（1945年）と物語の舞台（2017年）が完全に乖離してしまっている。

　1990年代の「ニッポン分断もの」は、太平洋戦争後の分断から現代（＝90年代）までの一連の流れ（＝「仮想戦後」）を描く作品がほとんどであった。これに対して、2000年以降の「ニッポン分断もの」は、史実性を伴うスリリングな思考実験としてではなく、単なる物語の構成要素（≒データベース）として分断を用いる傾向がある。

図3－12　有栖川有栖『闇の喇叭』講談社文庫、2014年、157頁
サハリンとユーラシア大陸を結ぶ間宮海峡が堰き止められており、寒流を断ち切ることで、北海道を人工的に温暖化させる政策が取られている

分断の設定も現実からかけ離れたものが少なくなかった。

　もちろんこれは作品の質とは別の問題だ。たとえば、有栖川有栖『闇の喇叭』[*59]（2010年）は、太平洋戦争後に北海道がソ連の支配下に入り、「日ノ本共和国」となったパラレルワールドが舞台となっている［図3－12］。分断の設定も細かく提示され、近畿や九州など各地の独立を主張する分断促進連盟（通称「分促連」）が登場するなどユニークな発想に溢れている。探偵行為が禁止された「平世《へいせい》」21年の分断国家ニッポンを舞台とした極上のミステリーだが、分断後の「仮想戦後」が描かれているわけではなく、分断の設定も物語の展開に重大な影響を与えているわけではない。

古川日出男『ミライミライ』[*77]（2016－17年）のように、太平洋戦争後に分断された日本の「仮想戦後」を描き、実験小説としての価値を損ねていない作品も存在する。この「もう一つの世界」では、1945年にソ連が北海道を、アメリカが本州、四国、九州、沖縄を占領する。この物語が他と大きく異なるのは、1952年に独立が認められた日本がインドと連携する点だ。ソ連（ロシア）やアメリカではなく、印日連邦（インディアニッポン）の「仮想戦後」が展開される様子は圧巻である。

円堂都司昭《えんどうとしあき》は『ディストピア・フィクション論』（2019年）の中で『ミライミライ』について次のように論じている。

日本をとりまく情勢ということでは、どうしても、アメリカ、ソ連／ロシア、中国、北朝鮮・韓国との距離感で対外関係を俯瞰しようとしがちだが、インドに力点を置くことで世界地図が違った風に見えてくる。空間感覚が変容する。[9]

地政学的な観点から言えば、中国と緊張状態にあるインドと日本が連邦国家を築く発想は重要な示唆を与えてくれる。占領期の食文化に関しても、興味深い「化学反応」が描かれている。アメリカ占領下の本州以南では小麦粉が配給されたため、ラーメン文化が根付くが、ソ連占領下の北海道ではラーメンが珍しいものとなる。インディアニッポンの誕生後は、日本のカレーライスは本場のカレーに取って代わられ、新幹線のグリーン車（軽食付き）では、乗車券確認の際、アテンダントに「ベジですか？　ノン・ベジですか？」と聞かれる。菜食主義者の多いインド人に配慮したサービスだという。インディアニッポンの旗印となった多文化主義の影響は、主人公らが生み出す新しい音楽「ニップノップ」（ヒップホップの変形）にも示されている。

他にも、二日市とふろう『現代社会で乙女ゲームの悪役令嬢をするのはちょっと大変』[*83]（２０２０年－）のように、ニッポン分断の設定は「データベース消費」のような用いられ方をしながらも、「仮想戦後」のシミュレーションとして重要な作品もある。この作品は、いわゆる異世界転生ものであり、バブル崩壊直後からリーマンショックまでの失われた20年をやり直す物語である。

さまざまな特色を持った作品が存在するが、その多くが物語の構成要素としてのみニッポン分断を用いる状況に陥ってしまっている。本書ではその原因として、分岐点（太平洋戦争＝1945年）と、物語の舞台（2000年以降）の時間間隔に注目したい。1990年代には約50年だった「戦後」という時間間隔は、2000年年代には約60年、2010年代には約70年となっている。これは「ニッポン分断もの」に限られた問題ではなく、「戦後」の言説空間が抱える問題だ。

私たちは毎年8月が来るたびに1945年8月15日を中心とした戦争の記憶と向き合ってきた。2020年の戦後75年に関する報道も、1945年（あるいはその前後）の記憶に直接言及するものがほとんどであった。だが、これから「戦後100年」に向けたカウントダウンが始まる中で、そうした思考の枠組みを維持し続けることは可能なのだろうか。本書で分析してきた「ニッポン分断もの」の変容は、太平洋戦争を起点とした「戦後」認識の限界を示している。私たちは、1945年とは異なる新たなターニングポイントを設定する時に来ているのではないか。

　本章では、加藤典洋「敗戦後論」の議論を「分断後論」へと置き換えて考えることを提案した。加藤は「敗戦後論」の中で、敗戦がもたらす「ねじれ」や「汚れ」に対する自覚を持つところから始めるべきだと説いている。そのように地に落ちるという意識がなければ、「上向き」の想像力も生まれてこないからだ。分断国家ニッポンの発想は「下向きの反実仮想」であり、「敗戦後論」と同様、まずは私たちに「敗者」の視点を意識させる。そして、そこから世界を見上げ、希望を見つけ出す未来志向の視点につながっていく。太平洋戦争という「共通経験」を持たない新しい世代にとっては、「ありえたかもしれないニッポン分断」というシミュレーションこそ、「敗戦後論」の代替機能を果たす可能性があるのだ。

　次章では、太平洋戦争以外のターニングポイントを探るために、起点を１９４５年に限定することのない「仮想戦後」を具体的に検討してみたい。

サイドワイズ ニッポン［1990年代―2010年代］

押井守の作品

押井守と大野安之の漫画「西武新宿戦線異状なし」[*33]（1992―93年）では、首都圏でクーデタが起こり、反乱軍が関東の大部分（東京、埼玉、神奈川、千葉の一部）を占拠し、臨時革命政府の樹立を宣言する［図3‐13］。クーデタの主体が自衛隊の一部なのか革命勢力なのかは不明である。政府は大阪に首都を移し、「列島の真ん中に巨大な「解放区」をかかえる変則的分断国家」が誕生した。主人公の属する独立第3戦闘工作部隊は極秘ミッションを遂行するため、西武新宿線沿いを西へ進み、軍事緩衝地帯へと向かっていく。なお、押井が監修した山邑圭『東京無国籍少女』[*73]（2015年、映像版のノベライズ本）では、「北の大国」の侵攻によって北海道と東北の一部が占領され、傀儡政権「日本民主主義人民共和国」（DPRJ）が成立した21世紀初頭の話が描かれている。

ゲーム作品のノベライズ本

「ニッポン分断もの」はゲームとの相性が良いようだ。本章で詳しく紹介した村上龍『五分後の世界』や佐藤大輔『征途』（第2巻の北海道戦争）もゲーム化されている。前者はプレイステーション2用ソフト（2001年）、後者は『コマンド・マガジン』第50号（2003年）の付録ゲームである。

網羅的な分析が難しいことから、本書ではゲームを分析対象から外し、書籍化さ

図3-13　押井守、おおのやすゆき『西武新宿戦線異状なし』日本出版社、1994年。地図は20頁

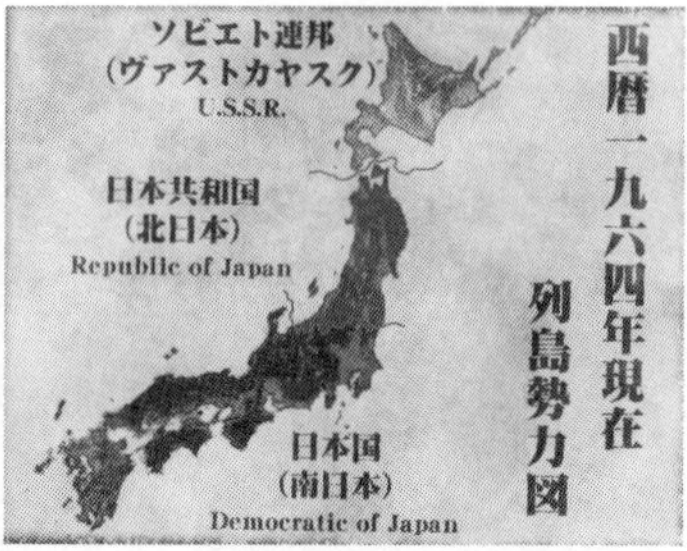

図3－14　竹内誠『RING OF RED　リングオブレッド』電撃文庫、2000年、2頁

れたゲームのノベライズ本のみを対象とした。

プレイステーション2用ソフト（2000年）のノベライズ本である竹内誠『RING OF RED　リングオブレッド』[48]（2000年）では、ポツダム宣言を拒否した日本が、1946年にアメリカを中心とした連合国とソ連によって分割統治される。北緯38度を分断線とし、南日本（日本国）を連合国、北日本（日本共和国）をソ連が管理する。北海道はソ連の領土となっている。物語は1964年を舞台として、南日本が開発した陸上の大型兵器をめぐる争奪戦、南北統一戦争、ソ連との対立などが描かれている［図3－14］。

早狩武志『群青の空を越えて』[57]（2008年）は、パソコン用アダルトゲーム（2005年）

のノベライズ本だが、ゲームの小説化ではなく、「プレストーリー」が中心だ。関東や北海道が独立の機会をうかがい、関西政権と対峙する世界で、関東自治共和国軍のパイロットの人間模様が描かれる。ゲームではニッポン分断の設定が明確になされているようだが、小説だけだと設定がわかりづらい。

深見真『ローズガンズデイズ　season1』[*70]（２００１３―１４年）は同人ゲーム（竜騎士07、２０１２年）のノベライズ本である。１９４４年の大災害によって日本全土は壊滅的な被害を受け、太平洋戦争はなし崩し的に終戦となる。復興のためにアメリカと中国による連合駐留軍と大量の移民を受け入れた「もう一つのニッポン」の終戦直後の物語。ローズ・灰原が経営するクラブ・プリマヴェーラを中心とした暗黒街の抗争が描かれる。漫画版（スクウェア・エニックス、２０１２―１５年、全12巻）も刊行されている。

第4章　共産化する「仮想未来」

嗚呼！　日本人民共和国

1945年以外の分岐点を分析するにはどうしたらよいか。それには、ニッポン分断が「もしもあの時……」という反実仮想だけではなく、未来形でも論じられてきた点に注目すればよい。「ありえたかもしれない過去」（＝「仮想戦後」）だけではなく、「ありうるかもしれない未来」（＝「仮想未来」）の中にも分断国家ニッポンの表象を見出すことができるからだ。

ここまでは1970年代から現在（2021年）までの間に刊行された「ニッポン分断もの」に着目してきた。本章では、太平洋戦争直後に時計の針を戻し、未来形で論じられた作品にも光を当てる。

評論家の大宅壮一は、『政界ジープ』（１９５０年11月号）に発表した「日本人民共和国の可能性」で、二つの日本人民共和国の可能性に言及している。一つは、１９４５年8月にアメリカではなくソ連に占領されていた「ありえたかもしれない過去」だ。その場合、天皇制は廃止されるが、指導者や資本家の多くは中間層を取り込むために利用される。一般大衆は「一時は動揺しても、しばらくたてば、ケロリと忘れ」「職場や学校では、レーニン、スターリンの肖像と共に、徳田球一や野坂参三の像がかかげられる」と大宅は論じている[1]。徳田と野坂は、日本共産党の指導者だ。

もう一つの日本人民共和国は、共産党が政権を取る「ありうるかもしれない未来」だ。大宅がこの論考を発表したのは占領期であり、ＧＨＱの存在が共産化の防波堤となっていた。しかし、世界情勢の変化によって、ソ連が覇権を握る未来もありうると大宅は考えていた。

> 日本の現状は、日本人の希望と意志によってつくり出されたというよりも、国際情勢に与えられた点が多い。そして日本人の大部分は、ワシントンかクレムリン

〔引用者注　ソ連共産党のこと〕のいずれかに賭けているのである。（中略）いずれにしても、今のところはワシントン側が絶対優勢であることは明らかだ。しかし、すべての賭がそうであるように、いつ何時それはヒックリ返えるようにならないとも限らない。[2]

当時は、シベリア抑留者たちが続々と帰国しており、1949年6月に発表された世論調査（5998名への調査）では、圧倒的な大差でソ連が「嫌いな国」の1位に挙げられている（ソ連　53・0％、中国　7・0％）。こうした対ソ感情の悪化もあり、ソ連による北海道占領、あるいはソ連と結び付いた日本共産党による北海道人民共和国の設立を警戒する声もあがっていた。[3]

ここで注目したいのは、1950年代の「ありうるかもしれない未来」（＝「仮想未来」）は、2020年代の私たちから見ると、「ありえたかもしれない過去」（＝「仮想戦後」）となる点だ。21世紀の私たちには、大宅が警鐘を鳴らした共産化の未来は、そうはならなかった「もう一つのニッポン」の姿となる。

未来を想定して書かれたものが、一定の時間の経過によって反実仮想に転換する。そのわかりやすい例が、ジョージ・オーウェルのディストピア小説『1984年』(1949年)であろう。この小説では、世界は三つのブロックに分かれ、主人公が暮らすイギリスは「ビッグ・ブラザー」が支配するオセアニアに属している。そこは「テレ・スクリーン」による徹底した監視体制が敷かれた社会で、相反する二つの意見を、それが矛盾することを知りながら、いずれも受け入れる「二重思考」が浸透している。オーウェルが描いた全体主義のディストピアは、当時の読者にとっては、「ありうるかもしれない未来」であった。だが、1984年以後の読者にとっては、「そうはならなかった未来」、すなわち「ありえたかもしれない過去」となる(デジタル技術の発展により監視社会化した21世紀の中国を『1984年』の実現した社会と感じる人もいるかもしれないが、1984年の時点ではそこまでの世界は実現しておらず、「そうはならなかった未来」と位置づけることができる)。

序章でも述べたように、日本の「歴史のif」は太平洋戦争を分岐点としたものが大半を占め、戦後のターニングポイントはほとんど検討されていない。しかし、右で述べたような「賞味期限」を経過した未来言説に注目すれば、もっと幅広い形で、分断国家ニッポンに関する言説を集めることができるのではないか。

日本が分断国家となりえた戦後のターニングポイントとして、まずは第三次世界大戦の危機に注目してみたい。マルクス主義哲学者の廣松渉は、１９５０年から始まった朝鮮戦争の時に、九州に独立臨時革命政府を樹立する構想があったと明らかにしている。どれほど現実味のあった話なのかは不明だが、廣松の回想によると、北朝鮮を支援する目的で関門海峡を爆破し、「同志スターリンの軍隊の介入を要請するというようなプランニング」であったという。[4]

１９５０年代には、アメリカとソ連の衝突（「米ソ戦わば」）や第三次世界大戦をテーマとした書籍が数多く刊行された。たとえば、西内雅《にしうちただし》『八千万の命運』（１９５３年）では、日本が西側陣営の一員として第三次世界大戦に関与した際、国内の親ソ派が武装蜂起に打って出るシミュレーションが行われている。それによると、北海道の千歳、青森の三沢、東京の横田といった飛行基地へのソ連空軍による攻撃がなされ、これに呼応するように日本共産党が、信州（長野県）と甲州（山梨県）、紀州（和歌山県）と大和（奈良県）の二つの山岳地帯で武装蜂起するという。西内はその後の展開を次のように予想している。

これ等二つの地帯は、一方は関東地方、一方は関西地方の所謂複廓陣地〔引用者注　複数の砦をもつ陣地〕となり、防禦して攻撃に出易くなるので、この地帯で、日本を分断して、日本政府をして、全土を統一して軍事的な行動を採ることが、出来ないようにする。その結果、戦争中であるので、日本は、政治的にも、経済的にも、三つのブロックに支配権を行い得なくなり、分断されて了う。[5]

ここでは、二つの山岳地帯を境界線として、三つのブロックに分断される未来が予測されている。現代的な感覚ではあまり考えられないかもしれないが、共産主義を信じる革命勢力によるニッポン分断の未来が検討され、切実感をもって受け止められていた。

もしも日米安保が破棄されていたら

１９５０年代のもう一つのターニングポイントは、安保闘争である。序章で紹介したＮＨＫ「戦後70年に関する意識調査」（２０１４年、［図序‐６］）では、「日本の社会に大きな影響を与えたこと」として、「日米安保条約調印」（１９５１年）を11・０％の人が、「安保闘争」（１９５９年—）を１・６％の人が選んでいる。

中山正男の小説『赤い太陽』[*1]（１９５９年）は、１９６X年に日米安保条約が破棄された近未来社会を描いた作品である［図４‐１］。本の帯に「若し日本に共産革命がおきたらどうなるか？」とあるように、日米安保条約の破棄が日本の共産化につながるという認識が示されている。

著者の中山は、１９３３年に陸軍画報社を設立して、『陸軍画報』を発行した。戦後は小説の執筆に力を入れ、自伝的小説『馬喰一代』（１９４９年）は直木賞の候補作となり、映画化も二度行われている。

図4－1　中山正男『赤い太陽』第一世論社、1959年

日米安保条約が破棄され、アメリカ軍基地が撤廃された未来を描いた『赤い太陽』は売れ行きこそ芳しくなかったようだが、初期の分断国家論として重要な作品である。[6]物語は、主人公・西山四郎の異母兄である欣一郎が、青森から東京へと向かう列車の場面で幕を開ける。福島県の手前で、欣一郎は隣に乗り合わせた老人から話しかけら

れる。

アメリカの兵隊が引揚げてしまつてからというものは何もかも秩序が壊れてしまった。な、あんたはそう思いませんか。完全独立——なるほど結構じゃ。日本人が自分の手で日本を護る。筋の通る話にちがいない。ヤンキー・ゴー・ホームもいいだろう。それならそれで、憲法を改正して、自衛隊を正式の軍隊にするかというと、それは厭だと、左翼や労組の連中が騒ぐ——その結果がこれじゃ。いまに北海道に赤い軍隊が入ってきますぞ　（9—10頁）

政府は、憲法改正によって自衛隊を国防軍に昇格させようとしたが、全国でそれに反対するデモやストライキが頻発した。労働組合の急進派から成る革命党は、革命臨時政府の樹立を宣言し、労働者や学生の支持のもと東京を占拠する。政府は自衛隊を派遣して鎮圧しようとしたが失敗し、首都機能を京都に移す。

東京から北海道にかけて勢力を拡大した革命臨時政府は、国名を日本人民共和国と改め、日本は二つに分断される。日本人民共和国は、６００名の反革命分子を製氷場で凍らせるなど残酷な手口を用いて統制を強化していく。その一員であった四郎に対して、欣一郎は分断状態を回避するように説得を試みた。

日米安全保障条約があつてアメリカが日本の防衛を分担してくれたからこそドイツや朝鮮や中国のように同じ民族が二つの国に分断される悲劇を味わないできたんじゃないか。そのアメリカがいなくなつてからどうなんだ。お前たちが、帰れ、帰れと、騒いで、半独立から完全独立などとうまいことをいつていたが、一年もたたないでこの状態だ。（中略）今はたゞ赤い太陽の下で――親と子が離ればなれになり、兄弟は相争い、眼の前で、同じ日本人同志が殺しあつている。――そんなに思想というものが、主義というものが、人間以上に大切なものなのかね。

（１４６－１４７頁）

この本は、安保闘争が本格化する前の１９５９年５月15日に刊行されている。中山は「あとがき」で、１９５８年７月に北海道で起こった王子製紙のストの頃に執筆を思いつき、「集団暴力のおそろしさ」や「革命のおろかしさ」を伝えたかったと述べている。

その契機となる出来事として、日米安保条約の破棄を選んだわけだ。

日本の共産化を危惧する言説は何度も繰り返されてきた。たとえば、『大宅壮一文庫雑誌記事索引総目録』には「日共（引用者注　日本共産党）が政権をとったら」という項目があり、矢留節夫「日本人民共和国（創作実験）」（『改造』1951年4月号）、「日本人民共和国成立す！　共産党が政権をとつたら？」（『文藝春秋』1955年1月号）、戸川猪佐武「ドキュメントドラマ　共産党政権誕生で君の生活はこう激変する」（『現代』1971年8月号）といった論考のタイトルが列挙されている。

元ソ連共産党員の高谷覚蔵が書いた『日本がもし共産化したら』（1965年）も、日米安保条約の破棄によって共産党が政権を取る未来を予測している。この本は問答型の記述になっていて、「日本が共産化された場合、中共（引用者注　中国共産党）とソ連のいずれが日本を支配するでしょうか」という問いに高谷は次のように答えている。

> 中ソのどちらかが日本を支配しても、また中ソが日本を分割支配しても根本的には同じことですから、わかりやすくするために、主としてソ連が支配したら、ということにして話をすすめましょう。[7]

高谷は、日本がソ連に支配された場合の「物理的な解体」として、①各分野の指導者層の粛清、②各界の中堅層や中小商工業者のシベリア送還、③日本の経済成長の抑止、④海洋輸送や航空事業の規制による自由主義世界からの隔離を挙げている。「精神的な解体」としては、①民族の象徴の一掃（天皇家を含む）、②ロシア語の使用の強制、③日本史の改変、ロシア史の強制学習、④教育水準の抑制が起こると警告している。

『日本がもし共産化したら』を発行した国民協会（現・国民政治協会）は、自由民主党の政治献金を取り纏める目的で1961年に設立された団体である。反共プロパガンダ本の『日本がもし共産化したら』は、自民党を支持する団体を通じて配布され、1966年5月の時点で83万部、同年末には93万部に達した。[8]

日本の共産化や日米安保条約の破棄は「そうはならないでほしい未来」であって、そのような未来が実現する可能性があったかどうかは別問題だ。共産主義の脅威を印象づける言説を真に受けるべきではないという批判もあるだろう。それでも、そうなるかもしれないという不安や恐怖の感情が人々を動かしてきたことは事実であり、過去のターニングポイントを探るためには重要な手掛かりとなる。21世紀の私たちにとって、日米安保条約が破棄される未来像は「そうはならなかった未来」だが、「ありえたかもしれない過去」としての検証も必要なのではないか。

井沢元彦『小説「日本」人民共和国』[*44]（1995年）は、1960年に日米安保条約が破棄され、アメリカ軍が日本から撤退した世界を「ありえたかもしれない過去」として描いている。この「もう一つの世界」では、ソ連と北朝鮮が日本を侵攻し、傀儡政権「扶桑《ふそう》国人民政府」を誕生させた。それは、独裁者・扶桑光の支配する北朝鮮のような独裁国家であった。

『小説「日本」人民共和国』は、2017年に『日本が「人民共和国」になる日』として改題復刊された。復刊元のワックは月刊誌『WiLL』を発行する出版社であり、改題版には井沢と百田尚樹の対談も収録されている。小説『永遠の0《ゼロ》』（2006年）の作者である百田は、中国や韓国への過激な発言を繰り返し、批判を浴びてきた。この対談でも井沢と百田は、中国、韓国そして朝日新聞への批判を展開している。イデオロギー的には偏った本かもしれないが、反実仮想を用いて太平洋戦争以外のターニングポイントを明らかにしようとした貴重な一冊であることは間違いない。

『小説「日本」人民共和国』では、1960年6月10日に起こったハガチー事件に光が当てられている。アメリカのアイゼンハワー大統領の秘書を務めるジェームズ・ハガチーは、来日した際、乗っていた車を日本のデモ隊に取り囲まれてしまう。史実では、ハガチーはアメリカ海兵隊のヘリコプターで脱出するが、この事件によってアイゼンハワー大統領の訪日は中止となっている。井沢の小説では、ハガチーがデモ隊によって殺され、在日アメリカ軍の家族に対する無差別テロも繰り返され、激高したアメリカが日米安保条約を破棄するというシナリオになっている。

文庫版の「解説」を書いた稲垣武は、当時の日本で革命が起こる可能性が十分にありえたと論じている。

もし、六〇年安保当時、日本経済が現在〔引用者注　文庫版が刊行された1998年〕のような出口の見えない長期不況に喘《あえ》いでいたなら、安保騒動は手のつけられないほど拡大し、日米安保廃棄《はいき》もあり得たかもしれない。革命はマルクス主義者が説《と》くような「歴史の必然」ではなく、時代の気分と偶然的要素の集積から起こるのである。

（文庫版、302頁）

アメリカ軍が日本から撤退すれば、軍事的空白を狙ってソ連が日本を攻撃する可能性が高くなる。『「悪魔祓い」の戦後史』（1994年）を書いた稲垣は、左翼政党や進歩的知識人がソ連の日本占領に同調した可能性にも言及している。井沢の『小説「日本」人民共和国』では、進歩的知識人の代表格であった清水幾太郎をモデルとした岩清水鬼太郎と、反戦平和運動の活動家・小田実《おだまこと》をモデルとした小田原信《まこと》が登場する。日米安保条約の破棄に貢献した大学教授として岩清水鬼太郎の銅像が建ち、小田原信は扶桑国人民政府の情報省首席広報官として重要な役割を担う。

磯田光一が『戦後史の空間』（1983年）で論じたように（本書第2章を参照）、戦後知識人の立ち位置が全く変わってしまうような「もう一つのニッポン」も実際にありえたのかもしれない。

バトルオーバー北海道

1970年代から80年代にかけてのターニングポイントも、ソ連を抜きに語ることはできない。1976年には、ミグ25迎撃戦闘機が函館空港に着陸し、ソ連防空軍パイロットが亡命を求めた。78年の日中平和友好条約締結に伴う極東での軍事増強、79

年のアフガニスタン侵攻、８３年の大韓航空機撃墜事件などによって、ソ連を軍事的脅威として捉える見方は強まっていった。時事通信社の調査によると、ソ連を「嫌いな国」とした人は、８０年1月には50％台に到達し、大韓航空機撃墜事件直後の８３年9月には68・２％を記録している。戦後を通じて最も高い数字となった。[9]

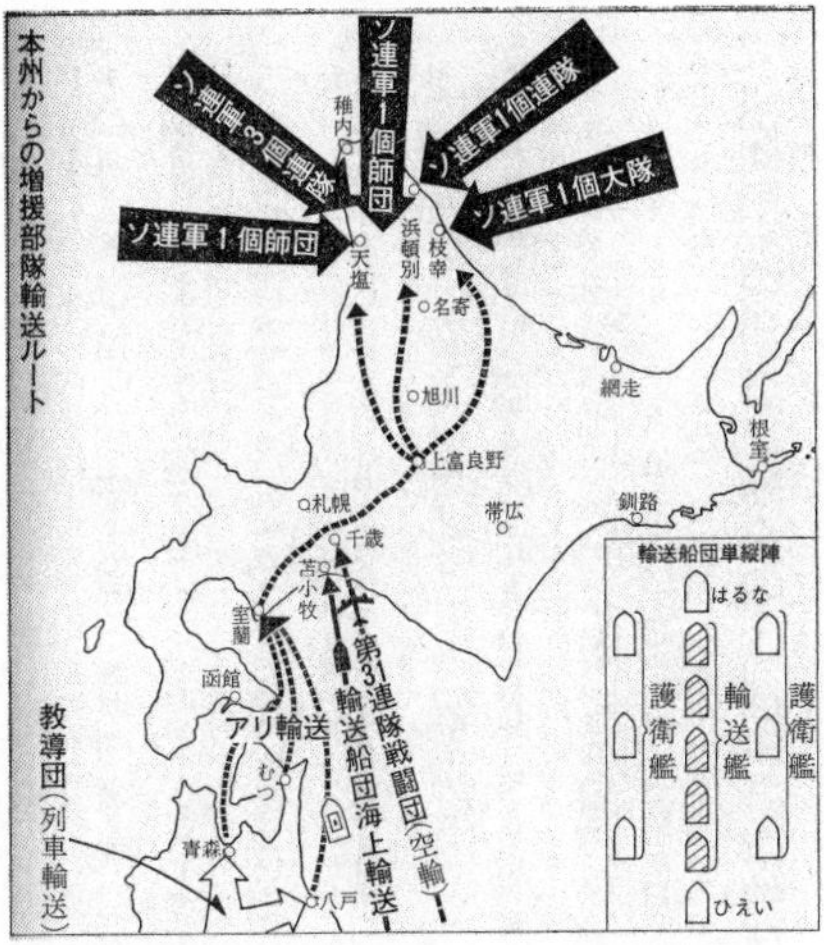

図４－２　ソ連軍による稚内上陸作戦を描いた図
佐瀬稔『北海道の十一日戦争』講談社、1978年、98頁

「ソ連脅威論」はさまざまな角度から論じられ、ソ連軍による北海道占領を論じたものも多かった。その先駆けとなったのが、元報知新聞社記者の佐瀬稔が書いた『北海道の十一日戦争』[*6]（１９７８年）であった［図４－２］。

１年先の１９７９年に起こる出来事として描かれたこの物語は、ソ連の空軍機が日本領空に突然現れる場面から始まる。ソ連兵は亡命を希望していたが、目測を誤り、千歳空港で民間機に突っ込んでしまう。戸惑う日本政府に対して、ソ連は自国の空軍機が自衛隊機に不法に拘束され、強制着陸を命じられたと抗議した。両国は戦争状態に入るが、頼みのアメリカはソ連と裏で手を結び、三沢基地（青森）を攻撃しない限りは静観すると決めてしまった。不利な戦いを強いられた日本は北海道北部を放棄し、雄信内《おのっぷない》付近を停戦ラインとして、ソ連と善隣友好条約を結ぶ。

『北海道の十一日戦争』は、『週刊現代』での連載が元になっており、その初回となる1978年5月18日号では、「日米ソ軍事機密資料を駆使、タブーを破って放つ衝撃のシミュレーション」という謳い文句が掲げられ、次のような説明文も掲載された。

国内での治安出動を除けば、自衛隊はソ連と戦争をするためにある――だが、日本の自衛隊は、いざその時になったら、部隊をどう動かし、どこでどうやって戦うのか、戦場となる地域の住民はどうなるのか、これもまた、全く国民の眼にふれることはなかった。このドキュメントは防衛庁が用意している対ソ作戦計画と米ソ両国が持つ秘密資料で構成したものである。

1978年には大韓航空機がソ連の防空軍機の攻撃を受け（83年の大韓航空機撃墜事件よりも前の事件）、択捉島《えとろふ》ではソ連軍の渡洋上陸演習も行われるなど、ソ連の脅威が現実のものとなりはじめていた。『北海道新聞』同年5月2日付夕刊では、ソ連軍の北海道上陸の可能性を検討した陸上幕僚監部「防衛戦略資料」の存在が報じられている。『北海道の十一日戦争』は、ソ連軍による北海道上陸のシミュレーションを行い、著者の佐瀬は「想定は、可能な限り事実をもって構成するようにつとめた」と記している（単行本、220頁）。物語には、当時の自衛隊第二師団長、第三連隊長、稚内市長らが実名で登場している。佐瀬は、北海道を舞台とした対ソ戦について、「そのような戦争が近い将来起こると考えたわけではない。調べてみたかったのは、自衛隊はどんな戦争をするつもりでいるのか、どんなことをやれる軍隊なのか」であったと述べている[10]。『北海道の十一日戦争』は、好戦的な内容では決してなかったが、結果としてソ連の現実的な脅威を示すことにもなった。このように中立的な視点から描かれた作品が、北海道侵攻小説の先陣を切ったという点は興味深い。

この後、自衛官OBや軍事の専門家によって、北海道占領の危機が繰り返し論じられていく。たとえば、自衛隊で統合幕僚会議議長を務めた栗栖弘臣は、『仮想敵国ソ連』

（1980年）でソ連軍の侵攻ルートとして「北海道東部地帯」、「北海道北部地帯」、「二海峡の制圧」（津軽海峡と宗谷海峡）、「東北地方の航空基地占領」（三沢、八戸基地）、「日本海沿岸強襲」の五つを挙げている。保守派に転向した清水幾太郎の論文「日本よ国家たれ　核の選択」が掲載された『諸君！』（1980年7月号）には「核の選択　第二部」として、軍事科学研究会の論考「日本が持つべき防衛力」が掲載されている。この論考でも「ソ連軍上陸四つのケース」がシミュレーションされ、その中で北海道占領も想定されている。[11]

1978年から80年にかけて二見書房が刊行した「第三次世界大戦」シリーズ（近未来小説）でも、北海道占領が取り上げられた［図4－3］。元NATO軍司令官のジョン・ハケットらによる『第三次世界大戦　1985年8月』（図4－3のA、以下同じ）は20万部の売り上げを達成し、小説の中のXデーが元となって、「1985年軍事危機説」も叫ばれた。ただしこの本の「序文」には、「日本での出版にあたり、日中、日ソ関係、日本海の海戦など、一部つけ加えた」とあり、ニッポン分断（北海道分断）が描かれたわけではない。

「ニッポン分断もの」に相当するのは、軍事関係の専門家集団「久留島龍夫と軍事研究

	著者	タイトル	刊行年
A	ジョン・ハケット他	第三次世界大戦　1985年８月	1978
B	佐瀬稔	第三次世界大戦　アジア篇 中ソ戦争勃発す！	1979
C	久留島龍夫と 軍事研究グループ	第三次世界大戦　日本篇 ソ連軍日本上陸！	1979
D	久留島龍夫と 軍事研究グループ	第三次世界大戦　続・日本篇　ミンスク出撃す！	1979
E	岩野正隆	第三次世界大戦　米ソ激突す！ 国後島奪回せよ！	1979
F	岩野正隆	日本海封鎖せよ！　第三次世界大戦	1980
G	久留島龍夫と 軍事研究グループ	第三次世界大戦　日本軍海外出兵篇 日本艦隊撃沈さる！	1980
H	チャールズ・D. テーラー	第三次世界大戦　中東篇 ペルシア湾炎上す！	1980
I	岩野正隆	北海道占領さる！　第三次世界大戦	1980
J	久留島龍夫と 軍事研究グループ	第三次世界大戦 ソ連が中東を制圧する日	1980

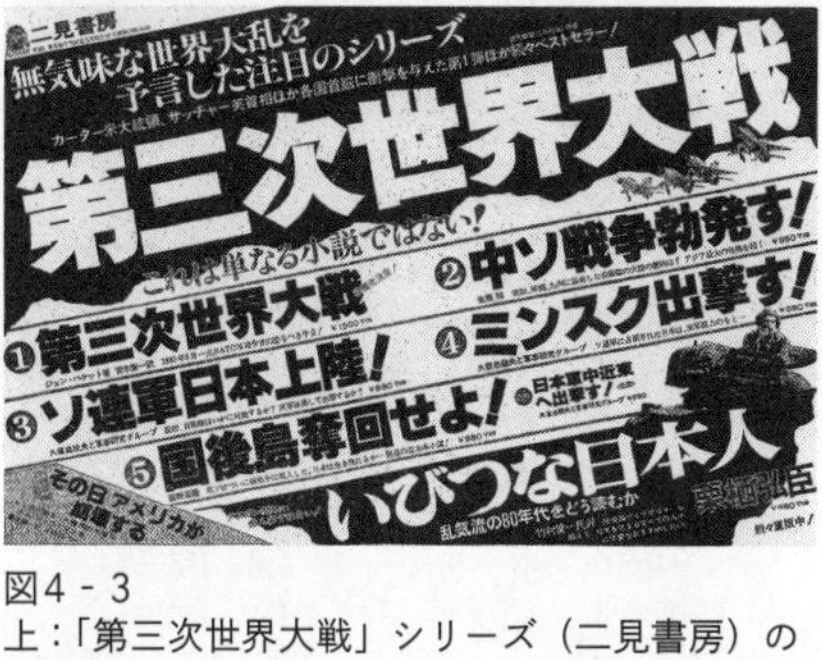

図４－３
上：「第三次世界大戦」シリーズ（二見書房）の一覧表
下：「第三次世界大戦」シリーズ（二見書房）の広告（『読売新聞』1980年１月21日付朝刊）
Ａが20万部、Ｂが10万部、Ｃが15～16万部、Ｄが14～15万部、ＥとＦも各10万部ほど売れたという（中馬清福『'85年軍事危機説の幻』朝日新聞社、1986年、14、23－24頁）

グループ」（具体的な参加者は不明）の『ソ連軍日本上陸！』[*7]（C）である。この本は、「ソ連軍は佐渡から東京を襲う」（『現代』1979年2月号）が元になっており、佐渡を占領したソ連軍が直江津と柏崎に上陸し、二方面から南下する。最後は、赤城山麓に降下したソ連軍の空挺師団が関東平野を南下し、東京を占領する。続篇となる『ミンスク出撃す！』[*8]（D）は、中国に逃れた亡命政権が日本の解放を目指す。

なお、『ソ連軍日本上陸！』の劇画（漫画）版を、小林源文《こばやしもとふみ》が『ホビージャパン』1979年7月号に発表している。軍事劇画の第一人者と言われる小林は、『バトルオーバー北海道』[*27]（1989年）でソ連による北海道占領を描き、『レイド・オン・トーキョー』[*29]（1990－91年）では日米安保条約の破棄によってソ連軍が新潟から東京へと侵攻する様子を描いた。

二見書房の「第三次世界大戦」シリーズでは、陸上自衛隊を退隊した岩野正隆が、北海道や東北をソ連軍に占領される『国後島奪回せよ！』[*9]（E）と「北海道分断もの」の代表作ともいえる『北海道占領さる！』[*11]（I）を発表している。

『北海道占領さる！』では、1984年（ただし、新書版では198X年）4月に第三次世界大戦が勃発し、8月にソ連軍が北海道を占領する［図4－4］。ソ連軍は、札幌大通り公園を「赤の広場」に、札幌駅前通りを「カール・マルクス通り」に、すすきの交差点を「レーニン広場」に変え、町名表示や道路標識にもロシア語を加えた。余市のニッカウヰスキー株式会社にはウォッカ製造の命令が下り、各地に食料配給所が設置され、長蛇の列ができた。新聞、ラジオ、テレビは占領軍の支配下に置かれ、大企業の社長や反共的な大学教授は収容所へ送られた。一方で、警察、消防、その他の公務員は職務の継続が認められた。

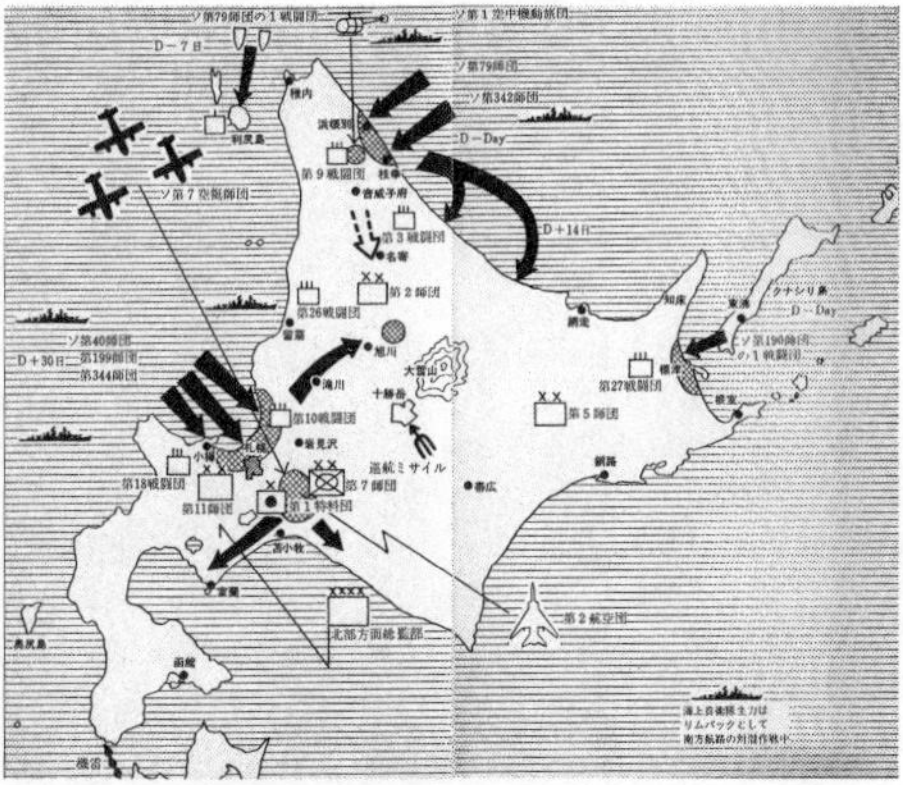

図４－４　岩野正隆『北海道占領さる！』二見書房（新書版）、1983年、表紙見返し

二見書房以外からもさまざまな特色を持つ北海道侵攻小説が刊行された。生田《いくた》直親《なおちか》『ソ連侵略１９８Ｘ年』[*13]（１９８０年）が他の小説と異なるのは、ソ連軍が日本の過激派の手引きによって北海道へと侵攻してくる点だ。ソ連による「直接侵略」のみならず、日本人のソ連同調者《シンパ》による「間接侵略」の恐怖とも当

時の人びとは向き合っていた。[12]

東京新聞記者の井崎均が書いた『北海道が人民共和国になる日』[*12]（1980年）では、占領下の北海道でソ連のアヴォーシカの風習が広まる様子が描かれている。[13]

アヴォーシカとは、ソ連の市民が持ち歩いていた網袋（バッグ）のことで、「アヴォーシ（もしかして）」という単語が起源だという。この本では、次のように説明されている。

町を歩いていると、「もしかしたら」洗剤やおいしそうな果物、バターなどの特売にぶつかるかもしれない。そんなときのために、いつもポケットやハンドバッグにしのばせておくのだという。

（149頁）

「もしかしたら」の配給に備えた市民の知恵がアヴォーシカであった。この小説の冒頭部分には、アヴォーシカを持って市民が列をなす写真と、戦時中の日本の配給生活の写真が並べて掲載されている。キャプションには、「ソ連国民の日常生活アヴォーシカ（モスクワ）」、「第二次大戦中の配給生活を思い出した」という一文が添付されている

［図４－５］。これらの写真からは、戦時中の不便な生活が戻ってくることへの警戒心を感じ取ることができる。北海道侵攻小説にちりばめられた太平洋戦争の記憶については終章で改めて論じる。

　では、ソ連による北海道占領は本当に起こりえた出来事だったのか。１９８０年に始まった『朝日新聞』の連載「ソ連は「脅威」か」の第3回（11月30日付朝刊）では、海岸揚陸能力、空挺降下能力、補給・継戦能力のいずれもソ連の「侵攻能力は極めて限られたもの」としている。さらにソ連の北海道侵攻の前提条件として、①日本とソ連の二国間戦争という状況で北海道に主戦力の投入が可能、②米軍が静観、③海上・航空両自衛隊の無能力化を挙げ、現実性を欠いた議論であると論じられている。

経済統制はじまる
日本と切り離され、自給自足を余儀なくされた"北海道人民共和国"の人民に、まず訪れた不幸は、日常の生活必需品の不足だった。都市のそこかしこには買物客の行列（アヴォーシカ）が見られる。
ソ連国民の日常生活アヴォーシカ（モスクワ）
第二次大戦中の配給生活を思い出した。
牛肉
配給
図４－５　井崎均『北海道が人民共和国になる日』学習研究社、1980年、７頁

　朝日新聞社編集委員の中馬《ちゅうま》清福《きよふく》は「幻に終わった'85年軍事危機説」と題する『朝日新聞』

の連載（1986年2月13日付―3月15日付、全20回）の中で、北海道侵攻小説が流行した背景を次のように分析している。

北海道の人々を怒らせたり、不安がらせた北海道侵攻説は膨大な数にのぼったが、その多くは軍人経験者かルポルタージュ作家、たまに大学の先生や新聞記者が、小説風に書いたものだった。ハケット氏らの『第三次世界大戦』をなぞったり換骨奪胎して、舞台を北海道に移しかえただけ、というものも少なくなかった。問題の根幹を押さえて書き込んだものばかりとはいえず、それだけに「一過性」との批判も、あながち的はずれではない[14]。

北海道の商社に勤務していた村井幸雄も『東京発・北方脅威論』（1980年）の中で、ソ連脅威論が「東京発」の情報であり、「道民の感覚といちぢるしく食い違う論議」だと指摘している[15]。

中馬は右の連載をまとめた『'85年軍事危機説の幻』の中で、北海道侵攻小説を含むソ連脅威論が「日本の防衛力増強の促進剤」として利用されたと論じている[16]。これに対して、防衛大学校教授の佐瀬昌盛は『諸君！』1986年6月号から「朝日新聞の安全保障観」と題する論考を4回にわたって連載し、中馬が行った「1985年軍事危機説」の検証作業について、完全な後知恵にもとづいたものだと厳しく批判している。

たしかに事後的な視点に立った考察では、北海道占領や核戦争に関する膨大な量の危機言説が1980年代の言説空間を占拠した事実を説明できない。村井の本では、親が自分の娘（親子ともに埼玉県在住）を稚内に嫁がせることに難色を示し、縁談が破談になった事例が紹介されている。『北海道の十一日戦争』を書いた佐瀬稔は、中立的な視点から北海道占領をシミュレーションしており、イデオロギーを問わず、ソ連の脅威を感じざるをえなかった当時の状況をまずは理解すべきだろう。

ソ連脅威論が、北海道以外を舞台とした「ニッポン分断もの」に与えた影響についても忘れてはならない。第2章で紹介した藤本泉の中篇「時界を超えて」[*19]は、1985年に文庫本の書き下ろしとして刊行された。評論家の中島梓は、藤本が描いたニッポン分断のリアリティについて次のような「解説」を記している。

じっさい、ときどき「ソ連が数年後には侵略を開始して北海道を占領」するであろう、といった、流言飛語のたぐいが、雑誌にまで性懲りなくくりかえしのせられるのを、私たちは見ているし、もしかして明日、藤本氏の描く世界が私たちの現実となったところで、ちっともふしぎはない、という感じをうけるのである。

（271頁）

PAST WAR 198X年

北海道の分断が想定されていた198X年を、1945年と同様に、戦後日本のターニングポイントと考えられないだろうか。先述のハケット本を根拠として、当時は「1985年軍事危機説」が叫ばれたが、分断国家ニッポンの反実仮想にとって「1985年」は大きな意味を持たないので「198X年」としておく。北海道分断が予想された1980年代前後という意味である。

ソ連による北海道占領は、佐瀬稔『北海道の十一日戦争』（1978年）では「1979年」、岩野正隆『北海道占領さる！』（1980年）では「1984年（ただし、新書版で198X年に修正）」、生田直親『ソ連侵略198X年』（1980年）では「198X年」の出来事として描かれていた。井崎均『北海道が人民共和国になる日』（1980

年）では、いつの出来事なのかは明記されていない。

それにしても、なぜ1970年代や80年代を分岐点とした「仮想戦後」はほとんど存在しないのか。ありえたかもしれない「もう一つの世界」が1980年代（場合によっては、70年代や90年代）ではなく、1945年前後を舞台として展開されるのはなぜなのか。

「可能性としての戦後史」を描いた「ケルベロス・サーガ」シリーズなどで知られる映画監督の押井守は、佐藤大輔との対談「戦争とファンタジー」（2004年）の中で、「太平洋戦争のｉｆ」をモチーフとした架空戦記が量産された理由を次のように述べている。

仮想戦記の九〇パーセントは太平洋戦争を扱っている。それはそれで考えるべきことであるとは思うんです、なぜそうなるのかと。それは僕に言わせれば、ファンタジーと言いながら、どこかで日本が負けたということに納得できていない。なぜ負けたのかということにね。それが世代に関係なくベースにあるんじゃないか。[17]

日本が勝利した、あるいはもっとましな負け方をしたif、つまり「上向きの反実仮想」を、書き手も読み手も求めているというわけだ。日本人には「勝った日本を書きたい、読みたい」欲求があるという押井の主張に対して、対談相手の佐藤は、「僕はそれがいやだったから、『征途』のとき負けた日本から話をはじめちゃったんですよ」と答えている。[18]『征途』は、第3章で紹介した「ニッポン分断もの」の代表作である。

架空戦記（＝「上向きの反実仮想」）がブームとなった1990年代において、多くの人がなお敗戦のトラウマを引き摺っていたのであれば、1980年代を舞台とした架空戦記がほとんど書かれなかった理由も明白だ。「198X年」を想定した架空戦記は、日本の敗戦を引き受ける「下向き」のベクトルにならざるをえないからだ。

たとえば、前述の生田直親『ソ連侵略198X年』では、津軽海峡をめぐる激しい攻防の後、ソ連軍が北海道と青森から撤退する。見かけ上は日本の勝利であっても、北海道は大きなダメージを負っていた。札幌市にある陸上自衛隊北部方面総監部の作戦室では、両国の被害状況についての報告が行われ、次のような会話が交わされている。

「これは、勝ったのか、負けたのか？」

「勝ちました」

衣笠精丸二佐は、きっぱりと答えた。「侵攻兵力に対し、多大の打撃を与え、撃破したのですから、当然、勝ったと言わなくてはなりません」

「しかし、失ったものがあまりに大きすぎる。勝ったといえ、実に虚しいな。この上なく、虚しい」

「はい。実に虚しい勝利だと思います」

（単行本、下巻、206頁）

歴史家の秦郁彦《はたいくひこ》は、1980年前後に刊行された「日ソ未来戦記」について、「少年の頃、胸はずませて読んだ池崎忠孝や福永恭助の日米未来戦記のようなロマン性はない」と述べている。池崎忠孝『米国怖る、に足らず』（1929年）、福永恭助『小説日米戦未来記』（1934年）など戦前の日米未来戦記は、敵対国アメリカへの恐怖が背景にあったとしても、そこで言及された日本の「勝利」に多くの読者は胸のすく思いだったはずだ。[19]一方で、1980年代の「日ソ未来戦記」は、当時の人びとの不安や恐怖をストレートに表しており、読んで爽快感を覚える人はほとんどいなかっただろう。

もちろん「198X年」の「負け」は、実際のものではなく架空のものである。しか

図4－6　佐藤亜紀『戦争の法』新潮社、1992年

し、１９４５年の「負け」を引き摺る日本人は、たとえ架空のものであったとしても、さらなる「負け」を引き受けることは難しかったのではないか。１９９０年代に「上向きの反実仮想」である架空戦記に人気が集まったのは、１９４５年の「負け」を「勝ち」あるいは「最小限の負け」へと改変したいという欲求が高まったからであった。１９４５年の「負け」をさらなる徹底的な「負け」へと導く日本分割占領のｉｆや、別の種類の「負け」をもたらす「１９８Ｘ年」のｉｆは、そうした欲求の逆を行く「下向き」のベクトルを示していた。

当時のソ連脅威論をもとにした「仮想戦後」を描いた作品も存在する。１９７５年に新潟が分離独立を果たす様子を描いた佐藤亜紀『戦争の法』[*31]（１９９２年）である［図４-６］。

物語の中で新潟（「Ｎ＊＊＊県」（伽鹿舎版のみ「Ｎ＊＊＊＊」と記載））は、ソ連の支援のもとで分離独立を果たし、社会主義国家「Ｎ＊＊＊人民共和国」となる。アメリカは、福島県境と山形県境に在日米軍を集結させたが、全面戦争を恐れ、事態の推移を見守るしかなかった。

中学生の主人公は、福島県との県境にある「Ｓ＊＊＊」市に住み、母はロシア人相手の売春宿を経営し、父は物資の横流しを行っていた。親友と二人で家を出た主人公はゲリラの一員となり、ソ連軍と戦う。物語の中で主人公は回想形式で、「Ｎ＊＊＊県」が分離独立へと至った経緯、自らがゲリラに志願した理由、戦闘を繰り返すゲリラの様子、ソ連軍撤退後の後日談を語っていく。

新潟出身の佐藤は、ウェブ・マガジン「アニマ・ソラリス」でのインタビュー（２００１年）で、新潟ではソ連の脅威が現実のものであったことを明らかにしている。

> 父親は自民党の党員になれと誘われたのに「万が一の時にパージされちゃ困る」という理由で断るし、ソ連軍は必ず新潟から上陸すると確信する高校の教師は（真っ赤なので有名だったんだけど何故か仮装敵《ママ》はソ連）、田圃のはるか彼方の鉄塔を指差して、「ベトコンの少年ゲリラはあのくらいの距離でも当てる」とか「ＡＫ一梃《ママ》で米

軍のヘリを撃墜した少女がいる」とか言って煽るし、文芸部の先輩（女性ですけど）はチェ・ゲバラの伝記を読みながら山に入る日を夢見てるし、という有り様でした。[20]

『戦争の法』に登場する主人公の親友は優れた射撃技術の持ち主で、150メートル程離れたところから、主人公の頭の上に乗せられた小さな缶を見事に射抜く。「ベトコンの少年ゲリラ」がモデルとなったことは間違いない。

佐藤は、当時の新潟の人が感じていたソ連に対する恐怖や不安を表現する手段として、「N＊＊＊人民共和国」（＝新潟人民共和国）の物語を描いた。ただし、前掲のインタビューで佐藤は、実際に起こりえた破壊や暴力行為ではなく、「全体の雰囲気、新潟という土地の空気」を重要視したと答えている。「紛争の密度」が「一定以上にならないよう、かなり気を使って作ってあります」とも述べている。その当時、描かれた仮想未来（＝「ありうるかもしれない未来」）を、仮想戦後（＝「ありえたかもしれない過去」）に反転させた作品であったが、厳密な意味でのシミュレーションではなかった。

『戦争の法』とは対照的に、ソ連の北海道侵攻をシミュレーションした作品も存在する。

元自衛官の木元寛明が書いた『道北戦争１９７９』[*65]（２０１２年）である［図４－７］。この作品は、先述の佐瀬稔『北海道の十一日戦争』（１９７８年）の基本設定を用いながら、それとは異なるシミュレーション結果を導き出すという大変珍しい試みを行った。

佐瀬の『北海道の十一日戦争』では、１９７９年７月４日の開戦から14日までの攻防が描かれ、ソ連軍の圧勝という結果が示された。雄信内付近を停戦ラインとし、日ソ両国が停戦協定文書に調印するところで終わっていた。これに対して、木元の『道北戦争１９７９』では、７月４日から18日までの攻防が描かれ、14日以降は日本が反撃に転じる。在日米軍の支援も取り付け、最後はソ連が道北からの無条件撤退に応じる。

『北海道の十一日戦争』が週刊誌で連載された時、木元は市ヶ谷の陸上自衛隊幹部学校の指揮幕僚課程学生であった。その後、北海道の上富良野駐屯地に赴任した木元は、仮想の戦場を実際

図４－７　木元寛明『道北戦争1979　シビリアンコントロール機能せず』光人社 NF 文庫、2012年

に目にし、「ソ連軍は『十一日戦争』のように本当に強いのか」という疑問を持ったという（328頁）。木元は次のように結論付けている。

筆者は停戦協定がいきなり出てくることが納得できなかった。『十一日戦争』と同じ規模の戦力を、筆者自身の経験・知識から分析すると、別の答えが出てくる。本書では、十四日から反撃して道北の東半分を奪回し、十七日には北転した新鋭部隊による新たな分断作戦を開始する。（329頁）

『道北戦争1979』では、政府がソ連との停戦協定に前向きな姿勢を見せたが、自衛隊の作戦司令官がこれに反対した。シビリアンコントロールが利かなくなっていく物語内容に批判はあるかもしれないが、1970年代に刊行された近未来小説を「仮想戦後」に転換させたアイディアは評価されるべきだろう。

佐藤亮太郎の論文「北海道「侵略」小説と第二次大戦の記憶」（2015年）は、北海道を舞台にした「ソ連脅威論」を分析した重要な先行研究であるが、佐藤も『道北戦争1979』について、「ソ連脅威論への30年後の返歌である」とその試みを高く評価している。

ロシアに関連する日本の仮想戦記の創作の系譜にあって、「戦後におけるソ連脅威論」もまた、「第二次世界大戦」と同様に、将来に書かれるかもしれない諸作品の着想の源泉となりうる可能性を木元（2012）は示しているといえる。すなわち太平洋戦争の終結から時間が経過した、戦後史の時空間が歴史改変小説の想像力の可能性に、含まれるということである。[21]

佐藤が指摘するように、「戦後におけるソ連脅威論」すなわち「198X年」をターニングポイントとした架空戦記がいくつも書かれる日はやってくるのだろうか。

軍事コレクターの宗像和広は、1980年頃から90年頃にかけて、大衆文化の中に軍事情報が根付いていき、「近未来戦」小説ブーム」と呼ぶべき状況が到来したと述べている。[22] 90年以降も、東アジアの地政学的な不確定要素が高まる中で、北朝鮮や中国の政情不安に伴う難民の増加とニッポン分断を描いた未来小説（若槻泰雄『ニッポン難民列島』[*39] 1994年など）や北朝鮮との戦争を描いた未来小説（森詠『日本朝鮮戦争』1

993―97年など）も刊行されている。福岡が北朝鮮の反乱軍に占領され、日本が分断されてしまう近未来を描いた村上龍『半島を出よ』[*53]（2005年）は多くの読者を獲得した。他にも、新時代の日中戦争を描いた作品も存在する。本書ではそれらを扱う余裕はないが、北朝鮮や中国を想定し、「199X年」や「200X年」を舞台とした「ありえたかもしれない過去」（＝「仮想戦後」）も描かれてよいはずだ。

これまでの「ニッポン分断もの」は、太平洋戦争後の分断をモチーフとした作品がほとんどであった。しかし、「ありうるかもしれない未来」（＝「仮想未来」）の分断に注目すると、1945年以外の「仮想戦後」のターニングポイントが明らかになる。それは、「戦後」という思考の枠組みを大きく揺さぶることになるだろう。

本章では、196X年の日米安保破棄、198X年の北海道分断といった「ありうるかもしれない未来」（＝「仮想未来」）の分断に注目し、それらが「ありえたかもしれない過去」（＝「仮想戦後」）として考察の対象となる可能性を示してきた。リアルな現象にのみ目を向けてきた既存の論壇では、「ニッポン分断」の視点が見事に見落とされてきた。この「もう一つの歴史」が私たちの世界にもたらすものについては、終章で詳しく論じる。

次章では少し視点を変えて、「分断」ではなく「独立」に着目する。「ニッポン分断もの」の近接領域には、「独立国家もの」と呼ばれる独自のジャンルが存在する。独立国家を描いたフィクションである「独立国家もの」も、戦後日本におけるターニングポイントを明らかにするヒントを与えてくれるだろうか。

サイドワイズ ニッポン［未来編］

戦略的発想としての「ニッポン分断」

土門周平『日本国家分断』[*18]（1984年）では、198X年の昭和大地震（新潟県～静岡県が断層帯）を契機にして、東日本が日本民主共和国として独立し、革新系政党を中心とした社会主義国となる［図4-8］。ソ連との結びつきが強くなるが、実はこれは「見せかけ」の分断であり、ソ連を油断させて、北方領土の返還に合意させてしまおうという高度な策略であった。まず、北方領土を日本民主共和国（東日本）へ復帰させ、最終的には、日本の東西統一によって北方領土をわが国の帰属にしようというわけだ。

ソ連は日本共産党に対して、北海道に「日本民主主義人民共和国」を作れば、北方領土を返還するというメッセージを送っていたとされる（「日共北海道政権恐れGHQと児玉ゆ着　米解禁文書で判明」『読売新聞』1976年4月3日付夕刊）。『日本国家分断』のアイディアは、必ずしも突飛なものではなかったのかもしれない。

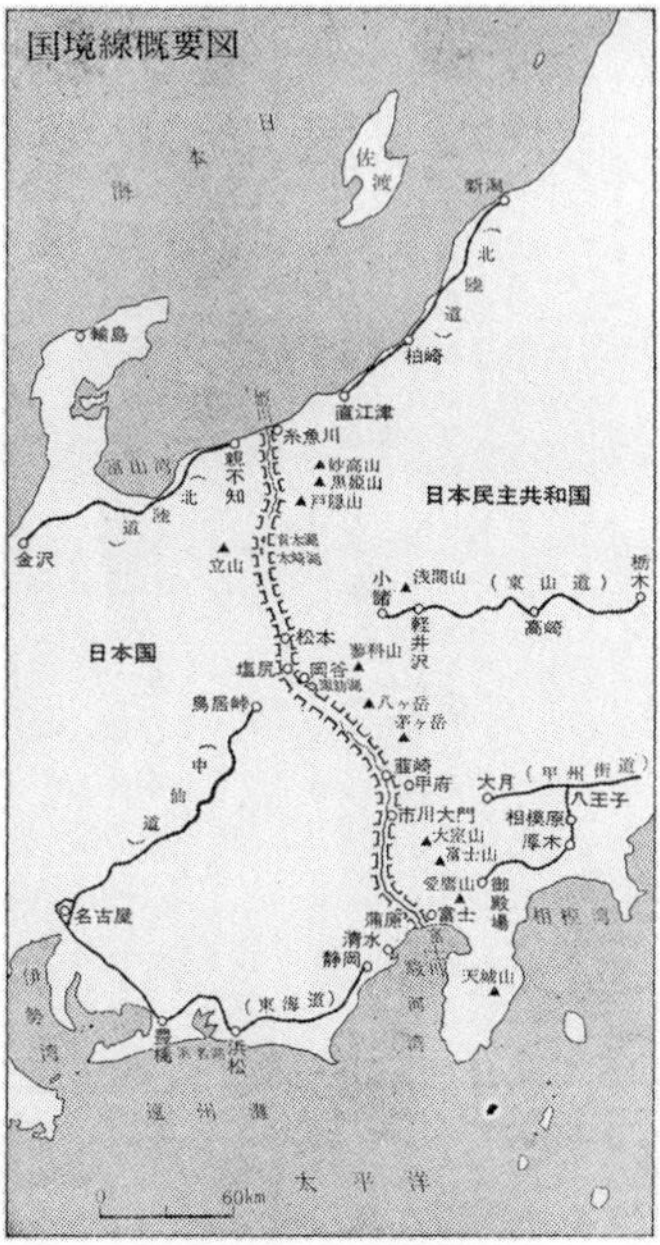

図4－8　土門周平『日本国家分断』中央公論社Ｃ・NOVELS、1984年、181頁

第5章　独立国家論

「吉里吉里国」というユートピア

本章では、日本の一地域が独立を果たす様子を描いたフィクションである「独立国家もの」や実際に提唱された「独立国家論」に注目する。

「独立国家もの」の代表作は、井上ひさしの『吉里吉里人』（1973－80年）である［図5－1］。この物語は、売れない小説家の古橋健二が東北本線「十和田3号」に乗車する場面から始まる。列車は、岩手県の一ノ関駅の手前で急停止し、「吉里吉里国」の入国警備官を名乗る男らが乗り込んでくる。聞けば、日本政府の農業政策に嫌気がさした東北の一寒村が独立を宣言し、「吉里吉里国」を誕生させたという。人口は約400

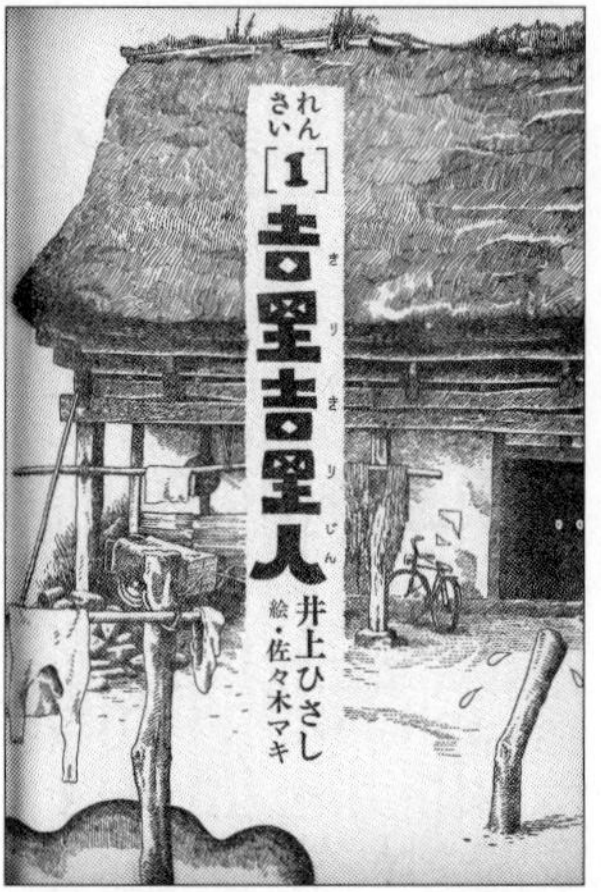

図5－1　井上ひさし「吉里吉里人」『終末から』1973年６月号（創刊号）、256頁

０人で、公用語は吉里吉里語（東北方言）。共通通貨はイエン。国内を巡回する「国会議事堂車」で国の重要な政策を決めるという一風変わった独立国であった。

「吉里吉里国」は金本位制、タックス・フリー、医学立国といった独自の政策によって国際的な信頼を勝ち取っていくが、日本政府は独立を認めようとしない。中央と地方の対決構造という「独立国家もの」の原型を作り出したところに、この物語の真骨頂があった。

『吉里吉里人』は１９８１年に単行本化され、日本ＳＦ大賞や読売文学賞に輝いている。第２章で紹介した「ニッポン分断もの」の傑作『一分ノ一』[*20]（１９８６年－未完）よりも前に完結した作品である。全国各地で「ミニ独立国」ブームも起こり、１９８２年には、「吉里吉里」地区の実在する岩手県大槌町が「吉里吉里国」の設立を宣言し、福島県二本松市の岳温泉は「ニコニコ共和国」を創設した。８３年には、全国の「ミニ独立国」

が一堂に会し、大分県宇佐市で第一回後進国首脳会議（Ｕ《う》Ｓ《さ》Ａサミット）が開催された。そこでは、「単なる観光や遊びのための独立国運動には反対」、いやいや「パロディと遊びの精神こそが大切。政治色はいらない」といった議論が交わされた。[1]

本書で紹介してきたニッポン分断のｉｆは、どれも起こりえたことである。１９４５年8月15日のクーデタも然り。連合国軍による日本の四分割も然り。９０年代の架空戦記の中で描かれたニッポン分断も然り。物語は作りものであっても、「ニッポン分断」という発想自体は、ちょっとしたボタンのかけ違いで起こってもおかしくはなかった仮想現実である。

これに対して「独立国家もの」は、完全なフィクションである場合がほとんどだ。『吉里吉里人』は、農業や医療といった社会問題を反映させてはいるものの、実際に起こった東北独立運動をモデルとした作品ではない。本書では、「沖縄独立論」など実際に提唱された「独立国家論」も分析対象に含めるが、結果として独立が実現したものはない。その意味では、「独立国家もの」も「独立国家論」も、未来へのベクトルを持った壮大なフィクションと言えるだろう。

「ニッポン分断もの」を「ありえたかもしれない過去」に限定して論じるのであれば、

「独立国家もの／独立国家論」は分析対象から外れる。しかし、第4章で述べたように、「ありうるかもしれない未来」という視点を加える場合はどうか。

さまざまな悲劇を生む「分断」とは異なり、ある一地域の「独立」は呪縛からの解放といったプラスのイメージを喚起させる。だが、「分離独立」という言葉が用いられるように、「独立」は「分断」の裏返しである。井上ひさしは、「書げや、書げ、書げ……」という論考（1974年）の中で、高校2年の時に書きあげた処女戯曲「わが町」で、すでに独立国家の着想を用いていたと明らかにしている。

この戯曲のプロットが、東北のある小さな町が突如独立し、それまでの町境《ざかい》が国境に昇格し税関などが出来てしまったために、簡単には逢えなくなってしまった恋人たちを中心に動いていた[2]。

「わが町」は、女性の登場人物を女形が演じるアイディアが難点となり、文化祭では上演されなかった。この幻の戯曲を発展させる形で、井上は1964年にNHKのラジオドラマを書いたという（具体的な作品名は記されていないが、『吉里吉里人』の元となった放送劇『吉里吉里独立す』であろう）。このドラマでは「恋人たちの姿は消え、「独立」が表面に出てきた」と井上は説明しているが、恋人たちの別離といった悲劇を生むのは「独立」も「分断」も同じである。
「独立国家もの」に関しては、李建志《りけんじ》「独立小説　戦後の「内地」」（２００８年）と速水健朗「独立国家論」（２０１５－２０年）という重要な先行研究が存在する。李は、「ミニ独立国」ブームが、『吉里吉里人』の特色であった国民国家批判を骨抜きにし、「「村おこし・町おこし」という、体制にとって最も無難なものへと転落させてしまう」と批判している。速水は、井上のテレビ人形劇《ひょっこりひょうたん島》と満洲のつながりを論じ、一種のユートピアとして『吉里吉里人』が描かれた背景を探っている。[3]
　本章では、李と速水の先行研究も参照しながら、日本の一地域の「独立」が他ならぬその時期に描かれた意味を考えてみたい。革命運動（連合赤軍事件）、農業コミューン、宗教（オウム真理教）など、地域の独立とは直接関係のないモチーフは本書では扱わない。これらに関しては、速水の「独立国家論」を参照していただきたい。

四国と九州の独立運動

終戦直後の日本では、さまざまな独立運動の兆しが見られた。たとえば、大宅壮一は『人生旅行』（1956年）という本の中で、小豆島で独立国の話をしたら、「日本憲法との関係はどうなるか、それを無視して独立宣言すれば、日本の自衛隊が攻めこんできやしないか」と大いに盛り上がったと記している。[4]

鶴見俊輔らによる『日本の百年　2　廃墟の中から』（1961年）でも、終戦直後の独立国家論への言及がある。当時は、交通網が整備されておらず、地方の孤立状態は現在の比ではなかった。列車の発着本数も少なく、超満員の状態が続いたため、移動には相当の労力を必要とした。こうした制約が、徒歩圏内の居住地域を中心とした自給自足の経済を成立させた。『日本の百年』では、「高度に自給自足的な地域」で独立国家の夢が語られ、獅子文六の小説『てんやわんや』や火野葦平《ひのあしへい》の小説『革命前後』といった「独立国家もの」が生まれたと指摘されている。[5]

『てんやわんや』（1948―49年）は、獅子文六が疎開先の愛媛県での体験をもとに描いたドタバタ劇である。愛媛県津島町（現・宇和島市）岩松をモデルとした相生町が舞台となっており、そこで主人公の犬丸順吉は、田鍋拙雲という坊さんから「四国独立論」を聞かされる。拙雲は「欠乏からの自由」と「恐怖からの自由」の重要性を語り、自給自足の国家として四国を独立させる必要があると説いた。

　四国に住んどる一人一人が、遠心的なことは、今度の戦争で、もう懲《こ》り懲《ご》りや思うて、大陸よりは日本、日本よりは四国と、次第に、小さく縮《ちぢ》みよる考えになったら、ええのや。

（文庫版、２４４頁）

拙雲は、暴力や革命を「遠心的」なものとして退け、「求心の原理」を皆が望めばよいとした。米、麦、甘藷、果実、塩、砂糖、醤油、酒、煙草、建築資材、衣料資源、紙、鉱業、漁業――。何でも四国には揃っている。しかも都会生活では付き物の犯罪や暴力とも無縁でいられる。拙雲の思想に感化された犬丸は、次のように述べる。

　四国島には、国民も、人民もいない。市民あるのみである。従って、君主も、大統領も要《い》らない。代表者として、市長が一人いれば、結構である。

（文庫版、２４８頁）

そういった理想郷を、犬丸は「臆病者の天国」と表現している。『てんやわんや』は「独立国家もの」ではあるが、国からの離脱や分断といった側面は強調されていない。李も先述の論文の中で「日本という国民国家の問題点を衝いたものではなく、「独立」は行きがかり上付け加えられたモチーフに過ぎない」と論じている。[6]

福岡県出身の小説家・火野葦平は、「九州の独立」をモチーフとした小説『盲目《もうもく》の暦《こよみ》』（1952年）と『革命前後』（1959年）を発表している。火野が取り上げたのは、太平洋戦争末期に実際に起こった九州独立運動である。日本の細長い地形は、本土決戦となった場合に戦線を寸断されてしまう恐れがあったので、管区ごとに戦力が蓄えられていた。火野は回想記「九州千早城」（1952年）において、西部軍管区に属する九州で独立政府を作ろうという計画があったと明らかにしている。千早城は大阪にある山城で、楠木正成が敵対する鎌倉幕府の大軍を釘付けにした場所として知られる。楠公の千早城になぞらえて、最後まで連合国に抵抗しようとした九州独立運動は「九州千早城」と呼ばれた。これをフィクションの形で描いたのが、『盲目の暦』と『革命前後』であった（『盲目の暦』が1945年7月まで、『革命前後』がそれ以降の九州独立運動を描いている）。

九州独立運動の中心人物は、西部軍管区報道部長の町田敬二と映画監督の熊谷久虎であった。熊谷は九州の出身で、女優・原節子の義兄（姉の夫）としても知られている。《上海陸戦隊》（1939年）、《指導物語》（41年）などの映画作品を残し、国粋的思想団体スメラ学塾との関わりも指摘される。熊谷が雑誌『私は知りたい』の創刊号（1957年12月号）に寄せた「太平洋戦争と九州独立運動の真相」と題する論考は、貴重な当事者の証言である。この中で熊谷は、1945年5月頃に町田から協力を求められたこと、九州独立政府の「閣僚名簿」案を町田に伝えたことなどを記している。[7]

図5－2　熊谷久虎「太平洋戦争と九州独立運動の真相」『私は知りたい』1957年12月号（創刊号）、236－237頁

「太平洋戦争の敗色濃くなったころ「九州独立運動」という事件を聞きましたが《ママ》・運動に直接参画した文化人にその真相を語ってもらってください」という声に応えた論考

役職	名前	職業
総理大臣	横山勇	陸軍中将
書記官長	熊谷久虎	映画監督
司法担当	鈴木安蔵	憲法学者
経済担当	西谷弥兵衛	経済評論家
政治担当	花見達二	読売新聞記者
情報担当	町田敬二	陸軍大佐（西部軍管区報道部長）
文化担当	高田保	劇作家
宣伝担当	火野葦平	小説家
文部教育	志田延義	国文学者
産業一般	三輪寿壮	弁護士、大日本産業報国会厚生部長

図5－3　幻の九州独立内閣

火野葦平「九州千早城」をもとに作成（『盲目の暦』創言社、2006年、246－247頁）。火野は、戦後になって、自分の名前が閣僚名簿に加わっているのを知ったという。経済担当には、九州大学教授の波多野鼎、文化担当には大宅壮一の名前も挙がっていたという（上野文雄『九州終戦秘録』金文社、1953年、99頁）

熊谷の論考には、政治、経済、教育、文化、宣伝の担当大臣しか記されていないが、火野の「九州千早城」にはより詳しい閣僚名簿が記されている［図5－2、3］。

明確にしておかなければならないのは、熊谷が構想した九州独立運動の実現可能性は0％に近かったという点だ。ほとんどフィクションと同じレベルである。計画の詳細を知っていた人はごく少数に限られ、計画に具体性も伴っていなかった。

大宅壮一は、九州独立運動を町田と熊谷の「二人の九州人の頭に描かれた一場の夢」としながらも、「これよりも一層強力で現実に即した〝断乎継戦〟の動きが、当時九州各地にあったことも事実」だと述べている。1945年8月に熊本の作家・荒木精之らを中心とした尊皇義勇軍は藤崎八幡宮に立て籠もり、九州だけは戦争を継続するよう訴えた。[8]熊本県出身の漫画家・那須良輔は、九州独立運動の噂を耳にし、「本土決戦をあれほど叫びながら、ムザムザ負けるのもくやしくてやりきれないので、内心、九州独立軍は結構だと思っていた」と回想している。[9]

「ありえたかもしれない九州独立」は、結局のところ「上向きの反実仮想」なのだ。大本営陸軍部参謀を務めていた稲葉正夫は『実録太平洋戦争　第7巻』（1960年）に掲載された論考で、本土地上軍の最精鋭である第三十六軍を九州に展開していたら、南九州決戦において「勝算が持てた」と主張している。[10]日本が戦争に勝てたとは誰も思わなかっただろうが、本土決戦になれば一矢報いる可能性があった。そうした思いが、九州独立という「ありえたかもしれない夢」を戦後の言説空間に漂わせる原因となったのではないか。

占領期から1950年代にかけての「独立国家もの／独立国家論」は、未来よりも過去や現在に力点が置かれたものが多かった。「部落解放の父」と呼ばれ、日本社会党の結成にも参加した松本治一郎は、敗戦直後の1945年12月に「九州共和国」の構想を打ち出している。「民衆の真の自由意志による大統領治下の九州共和国」は、「九州人の生活防衛」のためとも位置づけられており、敗戦後の困難の中で現在の生活をどう成り立たせていくのかという視点も大きかったようだ。[11]

いずれにせよ、「もう一つの戦後」の分岐点とまで言えるようなものではなく、当時の人々が敗戦と向き合っていくための一つの手段と考えることができるだろう。

李は、先述の「独立小説　戦後の「内地」」の中で、『てんやわんや』（1948－49年、単行本は49年）から『吉里吉里人』（1973－80年、単行本は81年）までの約30年間が「独立国家もの」の空白期間であると論じている。[12] ただし、小説だけではなく「独立国家論」にまで範囲を広げてみると、この間にもさまざまな論考が発表されている。

たとえば、梅棹忠夫は「北海道独立論」（1960年）を発表し、①「異質・統合」、②「異質・分離」、③「同質・統合」、④「同質・分離」の四つの可能性に注目している。まず、北海道の環境的な異質性を認めるか否かで、異質／同質が決まる。次に、独立に対して官僚主義的な発想で臨むか自由主義的な態度で臨むかで、統合／分離が決まる。梅棹は四つ目の「同質・分離」に注目し、「北海道の、北海道人による、北海道のための、独立の政府」として、「おなじ日本人を主体としながらべつべつの国をつくりうるという可能性」に賭けている。ただし、これは「内地との同質化を前提とするところの新独立論」であり、完全な独立論とは言えない（著作集、165―169頁）。
文化人類学者の米山俊直は、海外の分離独立運動とは異なり、日本の「独立国家もの／独立国家論」が分断を促進させるものではないと指摘している。むしろ地方文化への着目は、国民文化の新たな発展につながるというわけだ。米山は言う。

今日一方においてせまくなった地球のうえでの国際化が期待されているが、真の国際化は日本の地方文化の充実を媒介として達成が可能になるのではないだろうか。[13]

松下電器の松下幸之助も同じような視点から北海道独立に言及している。「〝廃県置州〟で新たな繁栄を」（1968年）で道州制の提言を行った松下は、「続・廃県置州論」（1969年）で北海道が独立国であったら「北欧諸国をもしのぐような繁栄、発展」が期待できたと論じている。松下は、東北、四国、九州の「独立」についても言及し、独立国になることは夢物語だとしても、「独立国家であるような考え方」を採用することは可能だとしている。「三割自治」の仕組みを改善し、各地域の自由裁量に委ね

図5－4　坂みのる「大阪独立戦争」『週刊漫画 TIMES』1966年２月５日号、60頁

ていけば、「実際に独立国になったと同じような、創意に満ちた地域発展の活動を生み出すことができる」というわけだ（『遺論《ゆいろん》・繁栄の哲学』141、143頁）。

1960年代の「独立国家論」は、日本の分断ではなく有機的な統合可能性を論じたものが多かった。当時の週刊誌に目を向けてみても、牧歌的な独立論が少なくない。たとえば、『文藝朝日』（1964年11月号）に掲載された「九州独立を論ず」は、独立よりも九州文化の紹介に力点を置いた特集であった。坂みのるの漫画「大阪独立戦争」（『週刊漫画TIMES』1966年2月5日号）も、解説で「東京の〝中央集権化〟に反対して、大阪はついに反乱の火の手を上げた」と記されているが、東京の弱体化を面白おかしく描いたギャグ漫画だ［図5－4］。

「奥州国」と「佐渡共和国」

ところが１９７０年代に入ると、返還が目前に迫った沖縄の独立問題が再燃するなど様相が変わってくる。これまでも沖縄独立の動きは何度も議論されてきた。たとえば、１９５１年に仲宗根源和が「琉球独立論」を発表し、６９年には「沖縄人の沖縄をつくる会」が発足した。７０年末に解体されるが、メンバーの一部が琉球独立党（党首・崎間敏勝）を結成した。[14] 琉球独立党（現・かりゆしクラブ）は、７２年に機関誌『三星天洋』を発行した。ここには映画監督・大島渚の「琉球怨歌」、アナキスト・竹中労の「沖縄／ニッポンではない」といった論考が掲載されている。竹中は『琉球共和国』（１９７２年）を刊行し、過激な沖縄独立論を展開している。

「沖縄独立宣言」をやってのけ、税制・警察制度・教育・労働、すべてを独自の方式によるものとする。それでよろしければ日本と連邦しようじゃないか？　ぐらいのタンカを切ってみイ。冗談半分でいっているのではない。〃独立〃のイメエジそういう形でもあり得るという、もののタトエを申し上げちょるなり。沖縄のみならず、東京、大阪、横浜、博多、〃自由都市〃として続々独立を宣言し、中央政府に叛旗をひるがえすべきなのだ。
（文庫版、91頁）

70年代には、国民国家の枠組みを揺さぶる「独立国家もの／独立国家論」が登場した。井上ひさし『吉里吉里人』や西村寿行『蒼茫の大地、滅ぶ』（1977－78年）もこの時期に発表されている。西村の『蒼茫の大地、滅ぶ』は、海を越えて大量の飛蝗《ばった》が襲来してくるパニック小説である［図5－5］。『吉里吉里人』と同様、国民国家批判としての側面を持つ重要な作品なので、詳しく内容を紹介しておきたい。

図5－5　西村寿行、田辺節雄『蒼茫の大地、滅ぶ』第1巻（秋田漫画文庫、1980年）
1978年に単行本化され、80年に漫画化もされた

幅10キロ、長さ20キロに及ぶ飛蝗群団は、東北地方を次々と襲い、農作物や山林の草花を食い尽くしていく。米も野菜も育たなくなった東北地方では食糧が不足し、人々は疲弊していく。政府は自衛隊を派遣して飛蝗退治を試みたが、まったく歯が立たない。青森県知事で東北6県の知事会会長を務める野上高明は、地元の若者を中心とした東北

地方守備隊を形成し、治安維持に努めた。

本来であれば強固な協力関係を築くべき政府と東北地方は、ことごとく対立していく。政府は、東北地方守備隊へ警察権を付与した野上の行為を問題視し、地方自治法を逸脱するものだと厳しく批判した。国会で釈明を求められた野上は、「わたしが憲法だ」と言い放ち、政府や首都圏の県知事らと全面対決の姿勢を示す。

東京都知事や首都圏の県知事らは県境を封鎖し、東北から脱出しようとする人々の受け入れを拒否した。野上はテレビ演説で、中央政府が東北地方を搾取してきた歴史を訴え、逃げ出した人々に対して東北に戻るように説得した。戊辰戦争時、奥羽越列藩同盟の結成によって東北独立の可能性が存在したにもかかわらず、農民の協力を得られずにその試みは挫折した。そうした失敗に学ぶべきだと野上は諭した。

全住民が挙げて、奥羽越同盟軍に馳せ参じるべきだった。戦いを放棄したばかりに、明治政府に隷従《れいじゅう》する身となった。ここに、中央政府の東北地方蔑視がその芽をふいたのだ。

（2013年復刻版、378頁）

やがて野上は、東北6県の独立を宣言し、国名を「奥州国」とした。首都は盛岡市で、北側の国境は津軽海峡、南側は福島県、山形県の県境に設定された［図5－6］。アメリカとソ連はさっそく奥州国を承認して食糧援助を申し出る。青森県の三沢にある米軍基地は地政学的に重要な意味を持っていたからだ。野上は、東西どちらの陣営にも与しない国づくりを進める予定であったが、日本国に奥州国独立を承認させるために、3年間の期間限定でソ連と安全保障条約を結ぼうとしていた。こうした野上の戦略に日本政府は黙ってはいなかった。

『蒼茫の大地、滅ぶ』が刊行されたのと同じ1978年に、農水省研究所職員の西丸震《にしまるしん》哉《や》は「私の佐渡独立論」を発表している。『蒼茫の大地、滅ぶ』はフィクションの中の独立論であったが、佐渡独立論は現実世界の構想であった。

西丸は、五島勉との共著『実説大予言』（1974年）で地球の寒冷化と干魃《かんばつ》の危機を説いた。五島は『ノストラダムスの大予言』（1973年）を刊行したが、西丸の予言もなかなかエキセントリックで、環境汚染によって日本人の平均寿命が41歳に縮まる未来を予測している。食糧問題や環境問題に関心を寄せた西丸が、1975年頃から説いて回っていたのが佐渡独立論であった。

西丸は、日本の脱中央集権化を実現するための「ショック療法的対策」として佐渡独立を訴えた。東京出身の西丸が佐渡を選んだのは、離島で日本のほぼ中央に位置するという地理的条件に加えて、米の自給率が170％で資源が豊富という条件が実証モデルとして最適だったからだ（『食べ過ぎて滅びる文明』、97、99頁）。

図5－6　西村寿行、田辺節雄『蒼茫の大地、滅ぶ』第3巻、秋田漫画文庫、1980年、189頁

1978年9月には、西丸の呼びかけで「佐渡共和国」独立のための東京会議が衆院副議長邸で開催された。その様子は『読売新聞』で大きく報じられている（佐渡共和国に関する記述は、特に言及がない場合はこの新聞記事による）［図5-7］。

集まったのは、新潟三区選出の社会党代議士（当時は無所属）で衆院副議長の三宅正一、林卓男（評論家）、西堀栄三郎（日本山岳会長）、有吉佐和子（作家）、小松方正（俳優）、イーデス・ハンソン（タレント）、永六輔（タレント）、岡村和夫（NHK解説委員）、吉田正雄（参院議員、社会党）、坂上正道（北里大学病院小児系部長）であった。ホスト役を務めた三宅は、次のように佐渡独立を呼び掛けた。

これからは、なににつけても小国の方がやりやすいし、世界のすう勢も小国連邦制に向かっている。国が小さければ原爆も作れないし、戦争の心配もなくなる。このような提案が、イデオロギーや宗教、思想にかかわりなく自由でまじめに討議が行われれば、世間への警鐘乱打になるのでは――。

この会議では、佐渡を代表する民謡「佐渡おけさ」を国歌とし、日本国憲法を踏襲す

ニュースすくらんぶる
万事自然に小規模に
人材集めロマンの国
おけさ内閣
大まじめ、佐渡共和国
さらば〝大国日本〟
独立宣言しちゃおう
国歌はもちろん…
ハァーと「おけさ節」
ニュースすくらんぶる

図5－7　「大まじめ、佐渡共和国　さらば〝大国日本〟」『読売新聞』1978年10月2日付夕刊

役　職	名　前	職　業
大統領	三宅正一	衆議院副議長
副大統領	本間雅彦	元佐渡農高講師
農水特別補佐官	西丸震哉	農水省食品総合研究所室長
大蔵	力石定一	法政大学教授
通産	糸川英夫	組織工学研究所長
外務	磯村尚徳	NHK ヨーロッパ総局長
防衛	イーデス・ハンソン	タレント
環境郵政	有吉佐和子	作家
宣伝	永六輔	タレント
厚生	斎藤茂太	精神科医・随筆家
文部	豊田有恒	SF 作家
科学技術	西堀栄三郎	日本山岳会長

図5－8　「おけさ内閣」の閣僚名簿

「西丸私案」で「話をしていない人も含まれている」とある。「建設、運輸、労働大臣、国務大臣（国家公安委員長）などは、地元の実務家の登用も考える」という

ることが決まった。ただし、「重大問題の決定は全国民の投票による」とされた。発電は原子力に頼らず、風力や地熱を利用し、水洗トイレは廃止して「自然の肥料」とする。大学は設置せずに、実業高校を最高学府として中国語、ロシア語、朝鮮語など隣国語を重視した教育を行う。財政に関しては、有吉佐和子が切手の発行によって収入を確保する方法を提案している。

『読売新聞』には、佐渡共和国の閣僚名簿も発表され、大統領に三宅、副大統領に本間雅彦の名が挙がっている［図5-8］。本間はこの中で唯一の佐渡出身者で、陸軍中将・本間雅晴の次男であった。

文部大臣にSF作家・豊田有恒が抜擢されているのは、1977年に発表した短篇「嗚呼！　新潟人民共和国」の影響だろうか。この作品は、田中丸栄が新潟の独立を宣言し、ソ連と安保条約を結ぶｉｆ物語である。1976年にロッキード事件が発覚し、窮地に陥った田中は、金権王国の汚名を払拭するために、新潟の社会主義国家化を行い、新潟民主主義人民共和国として独立させる。ソ連製のブルドーザーで新潟全土を大改造し、ＯＰＥＣ（石油輸出国機構）に加盟して日本国の介入を避けようとするなど、よくできた物語である。

「佐渡共和国」の宣伝大臣に名前の挙がった永六輔は、日本国憲法に独立禁止の項目がない点に注目し、住民の85％が同意すれば国連に提訴できると説得した。[15] しかし、本気で独立を考える住民はほとんどいなかった。「東京発」の佐渡独立論には批判も少なくなかったようで、数年のうちに活動は頓挫してしまう。

『孤島コンミューン論』（１９７２年）を書いた松本健一は、書棚に「独立国について」と題するファイルを作り、佐渡独立論に関する記事を収集していた。松本は、切手の発行を収入源とするなど佐渡独立論が「関心をひくような現実的な話」をしながらも、「一時の打ち上げ花火に終わってしまったことに対しては、いささか失望した」と述べている。「遊び」の一種だとしても、期待を抱かせるようなリアリティが佐渡独立論にはあったということだ。[16]

西丸は、佐渡の国防について念入りに論じ、北ベトナムから講師を招いて軍事理論や訓練の指導を仰ぐ案や「全国民老若男女がすべてが参加する手榴弾、小銃による国防訓練」を行う案も披露している。

佐渡は国民が生き残っているうちは侵略が完了しないことを周知させるとともに郷

土愛、団結心を強め、日本国の精神崩壊防止の見本とする。この訓練を終えて独立記念祭典を華やかに数日間とりおこない、全国民が佐渡おけさで踊りまくることとなる。これは観光の目玉商品にもなるはずである。

（『食べ過ぎて滅びる文明』、103―104頁）

西丸は、佐渡の金北山《きんぽくさん》にある自衛隊のレーダー基地を「日本国の自衛隊に高い使用料で貸す」案も検討していた。

文句をつけてきたら、そのときは「それではどうぞお引き取りください。そのかわり、ソ連あたりに貸しましょう」といえば、「待ってくれ、それはまずい、使用料を払いましょう」ということになるにきまっている。

（前掲書、114―115頁）

西丸の提案は、佐渡の持つ地政学的な重要性を再確認させてくれる。軍事面で自主独立を果たし、超大国とも対等に渡り合おうとする戦略は、かわぐちかいじの政治漫画『沈黙の艦隊』（1988―96年）を彷彿とさせる。『沈黙の艦隊』では、自衛隊員が原子力潜水艦を乗っ取り、独立国家「やまと」を宣言する。核兵器を保持することで、アメリカとも対等に立ち回ろうという戦略が描かれた（ただし、この作品は日本の一地域の独立を描いたものではないので、巻末の表には加えていない）。

１９７０年代から８０年代にかけては、東西冷戦を背景とした「独立国家もの／独立国家論」が少なくなかった。たとえば、村上龍『愛と幻想のファシズム』（１９８４－８６年）には、主人公の率いる政治結社「狩猟社」が北海道の独立を試みるシーンが登場する。速水は前掲論文「独立国家論」で、北海道が選ばれた理由として、陸上自衛隊の機甲師団が存在し、在日米軍の基地が存在しないことを挙げている。自衛隊内には「狩猟社」のシンパがいるので、援護が期待できるというわけだ[17]。

第４章では、１９８０年代を軸とした反実仮想の必要性について論じた。「ニッポン分断もの」の分析によって浮かび上がってきた戦後日本のターニングポイント（＝「１９８X年」）を精査する上で、「独立国家もの／独立国家論」の分析は有効な視点を示してくれる。「ソ連脅威論」の舞台であった新潟や北海道を対象とした言説は、実際の「分断＝独立」可能性を推測する最良の手掛かりとなるからだ。

可能性としての地方分権

「独立国家もの」の中には、東京独立をモチーフとした珍しい物語も存在する。水木楊の小説『東京独立共和国』（1999年）である［図5－9］。この物語では、東京都知事・勝池欣一郎が、都民の税金が地方交付税などに使われていることを問題視し、日本からの独立を宣言する。東京共和国で「東京国籍」を認められたのは、東京都内に住民登録をし、両親のいずれかが東京生まれの者のみであった。地方出身者は「入国検査」を受け、東京での労働を希望する場合は、グリーンカード（労働許可証）を取得する必要があった。

東京が「消滅」してしまう物語は、これまでにも描かれたことがある。たとえば、小松左京『首都消失』（1983年）では、東京が巨大な雲に覆われ、音信不通状態に陥ってしまう。この摩訶不思議な状況設定は、首都直下型地震などで東京が機能不全に陥った場合のシミュレーションとして読むことができた。80年代にも東京一極集中の問題や首都移転論が議論されており、小松は「地方自治の意味を考え直そうというのが大きな動機」で、「司令塔が喪失したらコミュニケーションをどうするか、どこがリーダーシップをとるか」を考えたかったと述べている。[18]

90年代以降も地方分権に関する議論は深まり、都道府県の首長も積極的な意見表明を行った。1990年には、衆参両院で「国会等の移転に関する決議」が行われ、首都機能移転の議論も本格化していく。99年には、政府の審議会が首都機能移転のための候補地に「栃木・福島」、「岐阜・愛知」、準候補地に「三重・畿央」を選定した。

脱東京の流れが強まる中で、「そんな話ならこちらから願い下げだ」とばかりに登場したのが『東京独立共和国』であった。水木は、地方出身者が「江戸以来の粋な文化」を「土足で踏みにじってしまっていることへの違和感」からこの物語を執筆したと述べている[19]。

図5－9　水木楊『東京独立共和国』文藝春秋、1999年

水木は、東京だけではなく各地域の独自性も認めようとした。たとえば、「東京共和国」は中学校の義務教育制度と国立大学を廃止している。水木は、ジャーナリスト・嶌信彦《しまのぶひこ》との対談「「東京共和国」構想に賛成」（1999年）で、教育制度に関して次のように述べている。

もし、日本のなかにいくつかの国があって、それぞれが特色ある教育を打ち出すようになれば、個人の選択の幅は非常に大きくなる。東京は六・三・三・四だけれど、北海道は六・五・四・三、鹿児島は六・六・三・三、というふうに。教科書もみんな独自に作る。もし、親が自分の住む「国」の教育に不満を感じるなら、子供は他の「国」に「留学」させればいい。そういう選択の自由があったほうが、学校はずっと面白くなると思うんですけどね。[20]

多様な価値観を重視する『東京独立共和国』の世界では、東京都以外の46道府県も独立を決め、日本が連邦制を採用する未来が描かれている。

水木は、「ニッポン分断もの」である『2025年日本の死』[*36]（1994年）でも、沖縄、九州、四国、関西、中部、関東、東北、北海道、千代田城国（皇居）の9ブロックに再編成される日本の未来像を提示している［図5‐10］。この物語では、解体がさらに進んで日本は212の共和国に分断されてしまう。

『東京独立共和国』では、日本が連邦制を採るにあたって沖縄が重要なカギを握る。

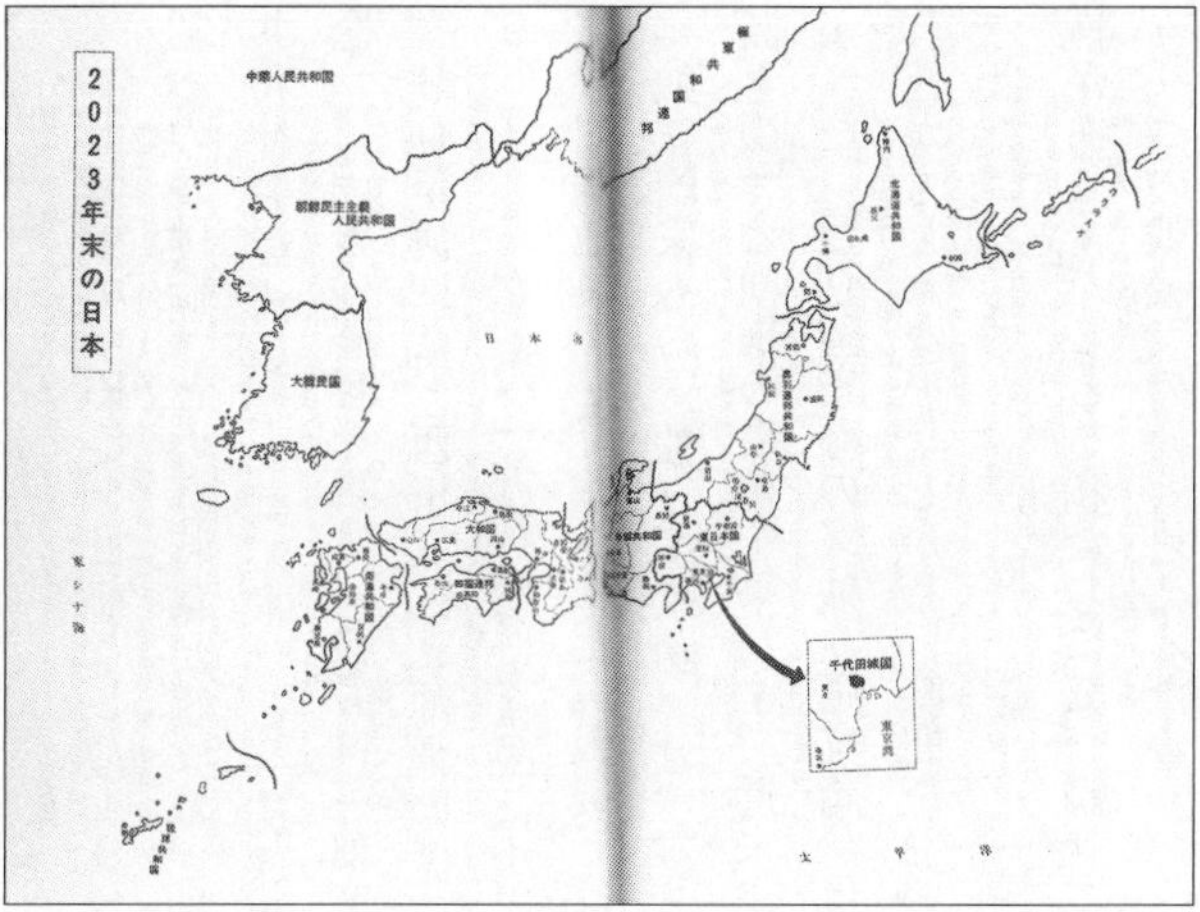

図5 - 10 「2023年末の日本」
水木楊『2025年日本の死』文藝春秋、1994年、220－221頁

「東京共和国」大統領の勝池は、自らが構想した「自由田園都市連邦」への加入を沖縄の人たちに訴えた。

もちろん、米軍基地の問題はあります。しかし、『自由田園都市連邦』は琉球のみなさんの肩にだけ、その負担を押しつけるのではなく、みなで分かち合う用意があります。現に北海道は、その広大なる遊休地の東苫小牧地区に基地を誘致する方針を決めましたし、東京も離島も含めて、米軍基地の機能を移転すべくいま青写真を作り始めたところです。

（３６３－３６４頁）

本土復帰から10年を目前とした1981年の『新沖縄文学』（48号）では、「琉球共和国へのかけ橋」という特集が組まれ、独立国の「憲法」草案も議論されている。「琉球共和社会憲法C私（試）案」と「琉球共和国憲法F私（試）案」で、前者は「基本理念」に国家の廃絶を掲げ、後者は「前文」で「地球連合政府」の構想を示している。

90年代には、西川三郎『沖縄の虎』（1996年）や柘植久慶『沖縄独立す』（1998年）といった「沖縄独立もの」（小説）が刊行されている。完全な独立ではないとしても、基地負担が軽減された「戦後」は本当にありえなかったのだろうか。「独立国家もの／独立国家論」は、「もう一つの戦後」を描くという点で「ニッポン分断もの」と同様の役割を果たす。近未来あるいは完全なパラレルワールドの話として描かれた「独立国家もの／独立国家論」は、発表当時は、荒唐無稽な発想だと一笑に付されたかもしれない。しかし、時間をおいて振り返った時に、必ずしも「独立」という形ではないとしても、「実際に起こったこと」とは異なる「もう一つのニッポン」の可能性がありえたことを私たちに気づかせてくれる。それは、地方分権がもっと進んだ「もう一つの戦後」の姿と言えるだろう。

東京一極集中を解消する方法として、「大阪独立」の発想にも注目すべきだ。大阪府知事の橋下徹が「大阪維新の会」を設立した2010年には、『大阪がもし日本から独立したら』が刊行されている［図5-11］。「大阪名物　くいだおれ」取締役が世話役となった「大阪国独立を考える会」による企画で、大阪国の公用語は「大阪語（関西弁）」、国旗は紅白縞模様。共通通貨は「ひゃくまんえん（百万円）」と「銭」で、「1百万円」が100円（日本円）に相当する。「ハシモト初代大統領就任」という小見出しの付いた架空の新聞記事には、「東大阪の中小精密製造業や、電器産業、バイオ製薬テクノロジー、お笑いエンターテインメントコンテンツ産業などを基幹産業として振興するほか、カジノや映画産業の誘致も行い景気浮揚を図る」と記されている（3頁）。

図5-11　大阪国独立を考える会編『大阪がもし日本から独立したら』マガジンハウス、2010年

　大阪都構想を少なからず意識した「大阪独立もの」（小説）には、大阪城天守閣の地下にある「大阪国」の存在

が明らかとなる万城目学《まきめまなぶ》『プリンセス・トヨトミ』（2008－09年）、新型インフルエンザの流行を契機として大阪府（作中では「浪速府」）が独立を宣言する海堂尊『ナニワ・モンスター』（2009－10年）がある。

『ナニワ・モンスター』は、橋下徹をモデルにした府知事が、政府が仕掛けた関西経済圏封鎖構想に対抗するために浪速府の独立を宣言する。物語の終盤では、東日本、西日本、さらには首都圏を中心とした関東の三つに分割する提案（＝「日本三分の計」）も重要な意味を持つ［図5－12］。「独立」と「分断」が同じコインの裏返しであるのはこの物語からもよく分かる。

『ナニワ・モンスター』の単行本は、東日本大震災直後の2011年4月に刊行され、首都機能の移転問題と絡めて論じられることもあった。実際に橋下大阪府知事は、大阪都構想が首都のバックアップ機能も含むことを訴えていた。

大阪都構想は二重行政の解消などが目的であり、都構想の実現が首都機能の移転問題に直結するわけではない。とはいえ、大阪都構想をめぐる住民投票（2015年）が否決されていなければ、日本の地方分権が違う流れになっていた可能性も十分にある。2015年に東浩紀が主宰する『ゲンロン』で連載が始まった速水健朗の「独立国家論」

も、この問題を大きく扱っている。速水は連載第1回の「「分離独立」の想像力と日本」で次のように述べる。

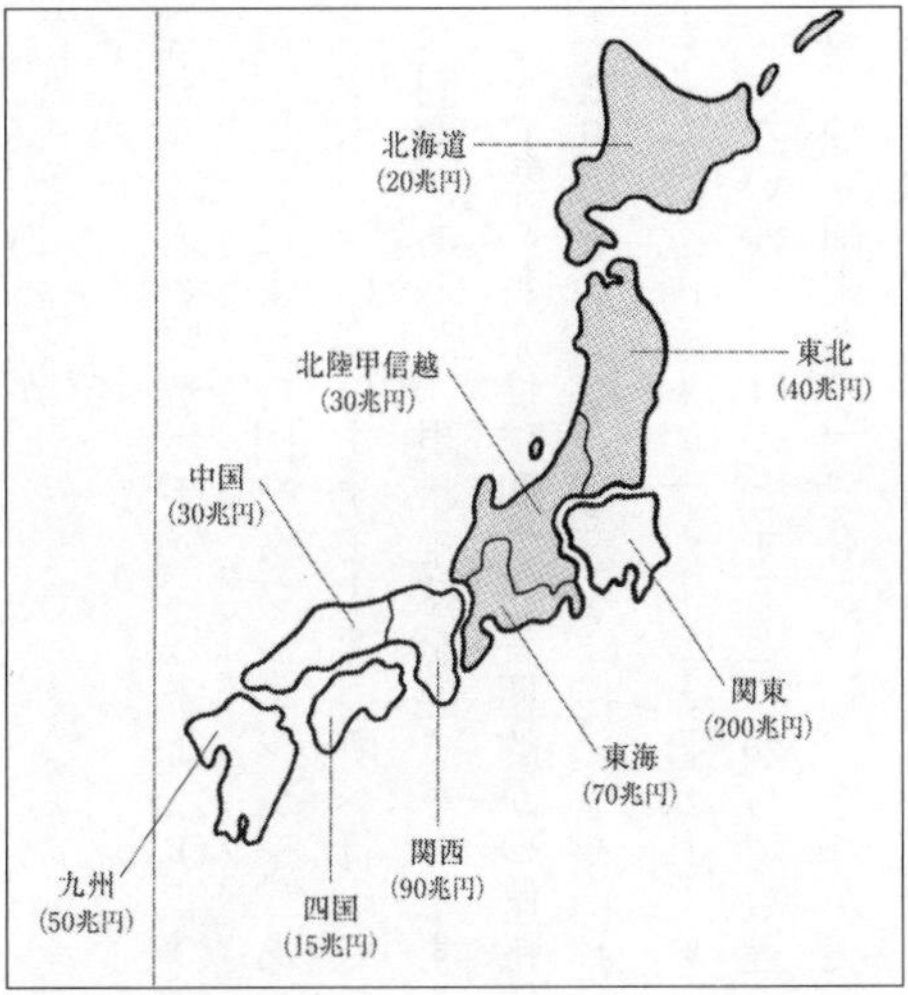

図5－12　海堂尊『ナニワ・モンスター』新潮社、2011年、273頁
各地域のGDP総額をもとに日本を三つの独立国家に割る「日本三分の計」を示した図

大阪都構想を巡る住民投票は、原発再稼働や安保法案通過などと並べても遜色ない、政治的に重要な課題だったのではないか。そのポイントは、端的には中央集権か地方分権かという二者択一だが、もっとそれ以上の意味を見出すことも不可能ではないだろう。今後、日本がこれまでどおりにひとつの国として運営されるのか、そうではない未

来があるのか。[21]

「リベンジマッチ」となった2020年の住民投票でも、大阪都構想は僅差で否決された。これによって国をダブルエンジン、あるいはそれ以上で動かしていく「もう一つのニッポン」の姿はますます遠い所へ行ってしまった。大阪維新の会の政治手法には大きな問題があるし、現状維持を望ましいとする大阪府民の選択もわからなくもない。しかし、日本の将来像に関する長期的かつ俯瞰的な議論がもっとなされるべきだった。

歴史にifはないと言うけれど、もしも大阪都構想をモチーフとした「物語」、すなわち「独立国家もの」がもっと書かれていれば、住民投票の結果を違うものにできたのではないか。ひょっとすると今からでも遅くはないかもしれない。大阪都構想が実現する「独立国家もの」でもよいし、それが実際に起こった「ニッポン分断もの」でもよい。誰か傑作を書いてくれないだろうか。そうした物語が生み出す想像力にこそ日本を変える可能性があるのだから。

戦後日本のターニングポイントについて考えた時に、2011年の東日本大震災も忘れてはならない。桐野夏生『バラカ』[63]（2011—15年）は、東日本大震災によって日本が東西に分断されてしまう「ニッポン分断もの」である［図5‐13］。この「もう一つの世界」では、福島第一原子力発電所の原子炉は4基とも爆発を起こし、東日本は壊滅状態に陥る。生き残った人の多くは西日本や海外へと移住し、企業や官庁も拠点を関西へと移した。2020年のオリンピックも新首都の大阪で開催されることが決定した。

　桐野は『青春と読書』（2016年3月号）のインタビューで、3・11の「歴史のｉｆ」（what if）に取り組んだ動機を次のように語っている。

　もうほとんど忘れられているかもしれませんけど、あのとき確かにすごく危機的な状況がありましたよね。何をやってもだめで、東京消防庁の人が決死隊みたいにして行って、

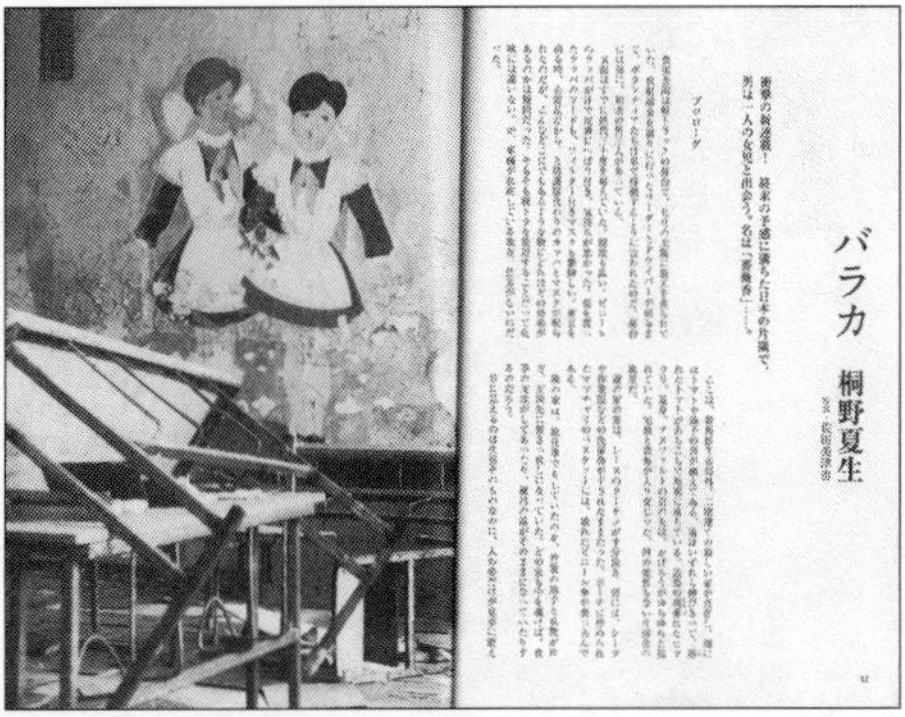
バラカ　桐野夏生
衝撃の新連載！　終末の予感に満ちた日本の片隅で、男は一人の女児と出会う。名は「薔薇香」……。
プロローグ

図5‐13　桐野夏生「バラカ」『小説すばる』2011年8月号、12‐13頁

上空からヘリで原発に放水したりしたじゃないですか。偶然にも助けられて現状の被害で食い止められましたけど、もし何かひとつでも機能しなかったら、もっととんでもないことになっていたかもしれない、という意味の「ホワット・イフ」でもあるわけですね。[22]

桐野は『週刊読書人』（２０２０年10月2日号）の星野智幸との対談「表現の不自由がもたらす近未来」でも、「日本が滅亡するかもしれないという恐怖を、身をもって体験したのは、あの震災が初めてだった」と述べている。当時は、福島第一原発から半径２５０キロ圏内が避難対象となり、避難住民が3千万人以上となる最悪の事態も考えられていた。『バラカ』は、２０１１年の私たちがたしかに感じていた「日本が滅亡するかもしれないという恐怖」を反実仮想へと転換させた見事な「ニッポン分断もの」と言えるだろう。

「歴史のｉｆ」は、「起こったこと」（＝「真」）と「起こらなかったこと」（＝「偽」）の間にある「起こりえたこと」を対象とする。「起こりえたこと」は「偽」であるとしても、「真」に限りなく近かった「もう一つの歴史」はたしかに存在し、それを見定めることに反実仮想の意義や醍醐味がある。

同じことを桐野は小説について述べている。ノンフィクションを「実」、小説を「虚」とする定義に疑問を呈し、桐野は「虚構の中で生まれた人間たちの「実」」が小説であるとして、次のように述べている。

小説を書く上でいつも気になるのは、登場人物たちが、私が認識している現実よりもはるかにリアルな人生を生きてくれなければ、小説世界は現実の実相に迫ることも、照射することもできないのではないかということである。[23]

このように考えれば、フィクションである「独立国家もの／独立国家論」と、ありえたかもしれない仮想現実を反映させた「ニッポン分断もの」が同じ構造を持つことは明白だ。私たちは忘れやすい生き物であるけれど、否、忘れやすい生き物であるからこそ、「起こりえたこと」という「偽」の中にある「真」、小説世界という虚構（＝「虚」）の中にある現実（＝「実」）に目を向けなければならない。

本章では、「独立国家もの」と「独立国家論」の分析を通じて、ありえたかもしれない「もう一つの可能性」を追究する「ニッポン分断もの」との共通性を明らかにしてきた。

次章では、「ありうるかもしれない未来」について検討する方法を取り上げる。

サイドワイズ　ニッポン［独立国家編］

東北独立をモチーフとした作品

半村良「ヒューマニスト」（１９９１年、単行本で『二〇三〇年東北自治区』、文庫版で『人間狩り』に改題）と『寒河江《さがえ》伝説』（１９９１年）は、多民族の雑居都市と化し、治安の崩壊した東京を避けて、地方都市に住むのがステータスとなった「もう一つのニッポン」を描く。両作品とも、東北５県から成る東北自治区が舞台となっている。「ヒューマニスト」の主人公は、自らが生まれ育った東北自治区の暗部が次々と明らかになる中で、浅草にたどり着き、東京の下町文化の素晴らしさに気づいていく。『寒河江伝説』は、東京の雑誌記者が東北自治区の実態を暴く。

原発を引き受ける代わりに、女性だけの独立国を作ってしまう笙野頼子『水晶内制度』（２００３年）も茨城を舞台としており、広義の「東北独立もの」と言えるかもしれない。

本書では、中央対地方の対立を描いた「東北独立もの」として、井上ひさし『吉

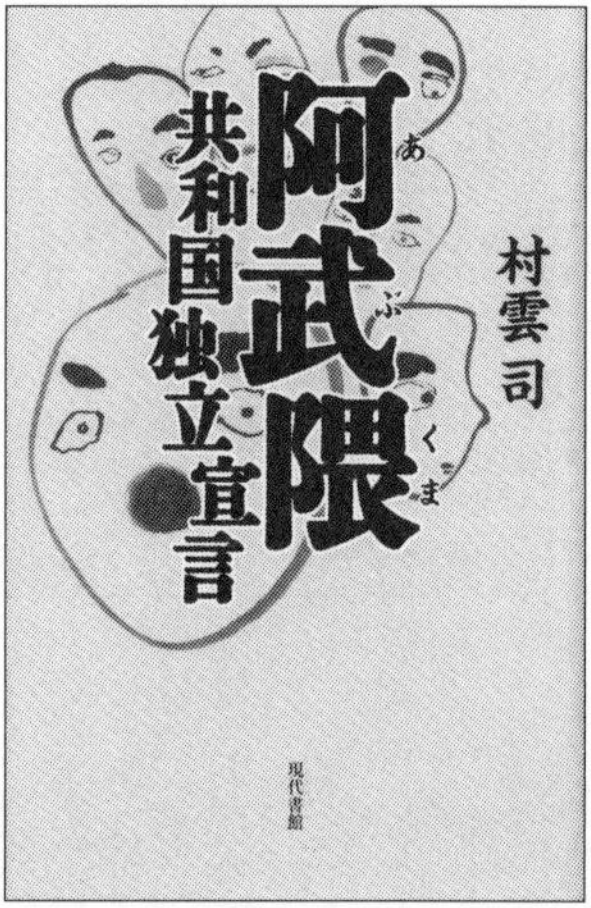

図5－14　村雲司『阿武隈共和国独立宣言』現代書館、2012年

里吉里人』と西村寿行『蒼茫の大地、滅ぶ』を紹介した。『蒼茫の大地、滅ぶ』は、著者の西村が2007年に亡くなっていたが、東日本大震災後の2013年に仙台市の出版社である荒蝦夷《あらえみし》から復刻出版されている。

村雲司『阿武隈《あぶくま》共和国独立宣言』（2012年）は、東日本大震災を契機として、福島県の阿武隈村という架空の村が独立を宣言する［図5－14］。時期は、2013年という近未来に設定されている。『吉里吉里人』や『蒼茫の大地、滅ぶ』と同様、中央政府との確執がテーマとなっており、阿武隈共和国の独立宣言には次のように記されている。

　私たちの先祖の多くは、天明の飢饉の折、餓死で失われた相馬藩の人手不足を補うために、加賀、越中、越後、能登などから秘密裏に強制移住させられた困窮農民であります。また昭和に至っては国策の開拓団として酷寒の満州へ送り込まれ、敗戦時には軍にも見棄てられて、多くの犠牲者を出しました。先祖代々お上の都合で振り回されてきた私たちが今また、塵芥《ちりあくた》のごとく扱われようとしています。（８頁）

赤松利市『アウターライズ』（２０２０年）は、東北独立に向けた緻密な計画をモチーフとしている。この物語では、２０２１年に東北地方が巨大地震に見舞われる。

図5‐15　赤松利市『アウターライズ』中央公論新社、2020年

陸地から離れた海底を震源とする正断層型地震（＝アウターライズ）で、陸地での揺れは比較的小さかったものの、巨大津波が東北沿岸を襲った。２０１１年の東日本大震災はプレートが沈み込む部分で発生する逆断層型地震で、今回の地震とは発生のメカニズムが異なるものであった。甚

大な被害が予想されたが、犠牲者は6名だと報じられ、日本中が驚愕する。そうした中で東北県知事会は東北国の独立を宣言する［図5‐15］。

ありえたかもしれない／ありうるかもしれない「東北独立」の物語を読むと、東日本大震災によって中央政府と東北という対立構造が浮きぼりになったことがよくわかる。

終章　「分断」を抱きしめて

記憶の「中継プレー」

本書が「ニッポン分断もの」や「独立国家もの／独立国家論」の分析を通して目指すのは、「戦後」という概念の再検討だ。

赤瀬川《あかせがわ》隼《しゅん》の小説『球は転々宇宙間』（１９８２年）では、プロ野球の球団経営が大都市型から地域密着型へと転換を果たした「もう一つの世界」を描いている。プロ野球界の「独立国家もの」と呼べる作品だ。今でこそ広島カープや北海道日本ハムファイターズなどがそうした戦略を成功させているが、刊行当時は斬新な発想であった。この作品で赤瀬川は第四回吉川英治文学新人賞を獲得している。

本書が注目したいのは、この作品世界の元号が「昭和」ではなく「戦後」である点だ。1982年に、翌年の83年を「戦後三十九年」とし、毎年「戦後○○年」と更新していくことが決定された。もちろん起点となる年は1945年である。あらゆる書類に「戦後」と記載されれば、非戦の誓いを頻繁に行えると考えたようだ。少し長くなるが、その新年号宣言を以下に引用する。

「戦後は終わった」という論議は終わったか否か吾人は関知しない。吾人はただ、「戦争の世紀は終わらしむべし」という意味をこめてこの提案をなす。すなわち、近い将来にまた全面戦争が起きて、また「戦後元年」が到来するようでは、吾人の提案は一切の意味を失うのである。「戦後」とは唯一固有の「センゴ」であって、一九四五年、すなわち従来の年号による昭和二十年こそ、唯一固有の戦後元年である。したがって「戦後」を唯一固有の年号とすることは、永世平和への希求と誓いの表現にほかならない。吾人はこれを日本のみにとどめず、第二次世界大戦にかかわったすべての国が西暦紀元と併用することを望むものである。すなわち、ポストウォー、アプレゲール等々。

ただし、当のわが国には一つ問題が残る。それは戦後百年、西暦二〇四四年になると、日本では〝センゴヒャクネン〟と発音することとなり、「千五百年」とまぎらわしくなるということである。しかし、そういう問題をかかえながらも、戦後九十九年まで、つまりまだ六十年はこれでもつ。そのあとのことは、そのときに生きている人たちに考えてもらえばよいではないか。[1]

「戦後100年」と「1500年」の読みが同じになる問題はさておき、ポスト「戦後100年」問題については、そろそろ議論の準備が必要であろう［図終‐1］。

戦後80年	2025年
戦後90年	2035年
戦後100年	2045年
戦後150年	2095年
戦後200年	2145年
戦後300年	2245年
戦後400年	2345年
戦後500年	2445年
戦後1000年	2945年

図終-1　1945年を「戦後0年」とした場合の早見表
『球は転々宇宙間』のように1945年を「戦後元年」とする場合、46年が「戦後2年」となり、2044年が「戦後100年」となる。

ポスト「戦後100年」問題とは詰まるところ、戦争の記憶の問題だ。福間良明『戦後日本、記憶の力学』（2020年）は、21世紀における戦争の記憶に関して、継承という名の断絶が進むと警鐘を鳴らしている。さまざまな戦争映画が上映され、修学旅行での戦跡観光なども盛んだが、記憶の継承が至上命題となると、「無難」な言説が再生産されてしまう恐れがある。[2]「ありえたかもしれない分断」に着目し、戦後日本の分岐点を検討する本書のアプローチは、戦争の記憶を薄れさせてしまうのか、それとも「無難」な言説を乗り越える可能性を秘めているのか。ここで改めて１９７０年代から８０年代にかけて刊行された北海道侵攻小説に目を向けてみたい。

佐藤亮太郎は論文「北海道「侵略」小説と第二次大戦の記憶」（２０１５年）の中で、岩野正隆『北海道占領さる！』[*11]や生田直親『ソ連侵略１９８Ｘ年』[*13]（ともに１９８０年）を例に挙げ、シベリア抑留経験者の描いたソ連イメージ、すなわちスターリン時代のソ連イメージが更新されていないと指摘する。佐藤は、ソ連兵による性暴力の描写にも着目し、「第二次世界大戦で行われた悲劇全般を北海道に回収する力学が、北海道「侵略」小説において働いている」とも述べる。[3]

良くも悪くも１９８０年代は、太平洋戦争の記憶が共通経験として機能しており、北海道侵攻小説にもしっかりと刻まれていた。共通経験は「集合的記憶」と置き換えてよいかもしれない。Ｍ・アルヴァックスは『集合的記憶』（１９５０年）の中で、「歴史」となる前段階の社会的な記憶のことを「集合的記憶」と呼び、まだそれに関する証言者が残っている状態を指すとしている。[4]

当時はこんな事件もあった。1981年に東映動画が第三次世界大戦を題材としたアニメーション《FUTURE WAR 198X年》を制作しようとしたところ、東映動画の労働組合が制作をボイコットした。戦争を賛美するようなアニメを子供に見せることはできないというわけだ。[5]この影響もあってか、《FUTURE WAR 198X年》の企画協力を務めた岩野正隆は、『北海道占領さる！』の新書版（1983年）の「あとがき」で「核戦争反対、戦争反対」の観点からこの物語を描いたと強調している。

著者は血戦死闘の戦場を歩いてきたし、兄は広島で原爆で死んでいる。その意図がわかっていただければ幸いこのうえもない。

1980年代は戦争体験者が数多く存命であり、戦争の記憶が色濃く残っていた。1980年代の北海道侵攻小説や分断地図を解説する新聞や雑誌が今後増えれば、戦争の記憶に関する多角的な理解が深まるだろう。当時のアーカイブデータを用いれば、ソ連の脅威がどう報道されたのかの検証も可能だ。《FUTURE WAR 198X年》（舛田利雄、勝間田具治監督）は、非組合員や外注を利用して1982年に完成され、現在はアマゾンプライムで視聴が可能である。同じ年には、当時のソ連脅威論をパロディ化したアマチュア特撮映画《愛國戰隊　大日本》（ダイコンフィルム）も作られている。[6] こうした作品をもっと紹介するのも一つの手だろう。

野球には、「中継プレー」と呼ばれる連係プレーがある。外野手の頭を越えるような打球が飛んだとき、外野手は走者が本塁に生還するのを阻止するため、直に本塁に送球するのではなく、まず内野手へと送球し、その内野手が本塁へと送球する。送球距離が長くなるので、内野手を介した方が迅速かつ正確な返球が可能になるからだ。

戦後75年の節目となった2020年も、1945年の「あの夏」を忘れまいという趣旨の企画がほとんどであった。太平洋戦争の記憶と直接向き合おうとするのは、この野球の例で言えば、外野手が球場の端から端まで遠投を行うのと同じである。現代から一足飛びに1945年の戦争の記憶と対峙するのではなく、1980年代のありえたかもしれない戦争の記憶を「中継地点」とすれば、当時のことを覚えている人も多いだろうし、若い世代にとっても自分の親の若い頃の話であったりもするので、より身近なものとして受け止めることができるのではないか。

ソ連によるアフガニスタン侵攻に抗議して、日本は1980年のモスクワオリンピックをボイコットしている。フィクションではなく現実の戦争に目を向けるべきかもしれないが、海を越えた戦争の記憶が「戦後」の枠組みを崩せていない現状を考えれば、より身近な問題として想像しやすく、しかも太平洋戦争の記憶と直結する仮想ニッポンの「分断」が思考実験として必要なのではないか。

「日本沈没」という「敗戦の体験」

1970年代から80年代にかけてのターニングポイントは、戦争の記憶の「中継地点」としての役割を果たしうる。しかし、太平洋戦争の記憶にとって代わる共通経験とまではならないだろう。本来であれば、東日本大震災の記憶が、その代わりとなってもおかしくなかったが、被害の大きかった地域とそれ以外の地域で記憶の断絶が生じてしまっている。新型コロナウイルスの流行も年齢や職種、都会と地方によって影響の度合いは異なる。いずれも日本の重大なターニングポイントであるのは間違いないが、ポスト「戦後100年」の道標となるかは疑問だ。

これからの新しい世代は、共通経験あるいは「集合的記憶」を過去ではなく未来へと投影する作業が必要なのかもしれない。簡単な作業ではないが、未来の「ありうるかもしれない分断」はこれまでも議論されてきた。たとえば、小松左京『日本沈没』（1973年）は、地殻変動によって日本列島が海の底に沈む様子をシミュレーションし、400万部を超えるベストセラーとなった。日本人のアイデンティティや民族離散の問題に深く切り込んだところに、この近未来小説の特徴があった［図終‐2］。

図終‐2　小松左京『日本沈没 上巻』光文社カッパ・ノベルス、1973年
2006年には、SF作家・谷甲州との共著という形で第2部も刊行された

『日本沈没』は映画（1973年／2006年）、テレビドラマ（74年）、マンガ（73－74年／2006－08年）など、さまざまなメディアで作品化がなされてきた。2020年にはアニメーション作品がNetflixで配信（劇場編集版も上映）され、21年10月にはTBS日曜劇場でテレビドラマが放送される予定だ。SF作家・筒井康隆

によるパロディ短篇「日本以外全部沈没」（1973年）も刊行され、こちらも2006年に映画化がなされている。

『日本沈没』は「197X」年の出来事として描かれているが、特定の未来の話ではなく、これから起こりうる未来として読める。第4章では、作品が刊行された時点で「未来」の話であったものが、一定の時間が経過し、「過去」の話となった作品や言説を分析した。時代に合わせてリメイクされ、語り継がれてきた『日本沈没』は、そのように「賞味期限」の切れた未来言説とは異なることがよくわかるだろう。

『日本沈没』は「分断」や「占領」を扱ったものではないので、本書では「ニッポン分断もの」に区分していない（巻末の表にも加えていない）。とはいえ小松は、鶴見俊輔のインタビュー（1992年）に応える中で、朝鮮半島やドイツが分割されている現実にも言及しており、『日本沈没』が「ありえたかもしれない分断」を強く意識した作品であることは間違いない。[7]

小松は『日本沈没』を書いたきっかけとして、林房雄の「大東亜戦争肯定論」（1963年）を挙げている。林は、太平洋戦争を当時の呼び名である「大東亜戦争」に言い換え、西欧列強のアジア支配に終止符を打つための「解放戦争」であったと論じた。歴史を「上向き」に捉え直そうとする林の試みに抵抗するため、小松は日本を沈没させるという荒療治に打って出た。小松は、鶴見を相手に次のように述べている。

日本の場合には、幸いにもこの四つの固有領土へ帰ってきたら、外の風に背を向けていても、ちゃんと自分で食ってけるようになればいい、と思っているようなところがあるんです。日本って国はなかなか滅びにくいんですね、国そのものが。ところが、ヨーロッパでも新大陸でも、簡単に国家が消えたり、現われたりしてる。だから、日本人がここへ帰ってくりゃあ何とかなると思ってる、この固有領土を一度消しちゃって、世界のお世話になるっていうことにしたらどうなるだろうか。[8]

『日本沈没』は、高度経済成長に浮かれる日本人に対して「敗戦の体験」をもう一度シミュレーションさせる試みだったのである。

この本が刊行された1973年はオイルショックの起こった年であり、高度成長に陰りが見えはじめた年でもあった。「今日よりも明日、明日より明後日……」という右肩上がりの時間感覚は、終末思想のディアストピアへと移り変わっていった。コリン・ウイルソン『オカルト』や五島勉『ノストラダムスの大予言』などのオカルトブームが社会現象となったのもこの年であった。井上ひさしの『吉里吉里人』を掲載した雑誌『終末から』もこの年に創刊されている。

こうした転換期において、『日本沈没』は、作品内に埋め込まれた「戦争の記憶」を拠り所として、日本沈没あるいはそれに相当するような厄災が今後起こりうるという危機感を読み手に喚起させた。

『太陽の黙示録』の中の「戦争」

『日本沈没』には、太平洋戦争における「ありえたかもしれない分断」の思想が含まれており、それが「ありうるかもしれない未来」の分断へと連結されていた。同様の構造を持つ作品が、かわぐちかいじの漫画『太陽の黙示録』[*49]（2002－10年）である［図終-3］。

作者のかわぐちは、自衛隊員を乗せた原子力潜水艦が国家として独立する『沈黙の艦隊』（1988－96年）や、現代の自衛隊が太平洋戦争時にタイムスリップする『ジパング』（2000－09年）といった漫画作品で「日本人とは何か」というテーマを追求

図終 - 3
左：かわぐちかいじ『太陽の黙示録』第１巻（小学館、2002年）
右：『太陽の黙示録』におけるニッポン分断の様子（第１巻、154頁）
大阪湾と富山湾を結ぶ大断層に亀裂が生じ、二つに分断されてしまう

してきた。『太陽の黙示録』では、２００２年に起こる大地震によって、琵琶湖を境に南北に分断され、国土の５分の１が水没してしまう日本の未来の姿を描いた。小松の『日本沈没』で描かれなかった日本人難民の問題に着目し、大震災から15年が経過しても、約７００万人の日本人避難民が世界中に点在し、不自由な生活を強いられる様子を描いた。避難民の中には、日本国籍を捨てて避難先の国に帰化した「棄国者」と呼ばれる人々も存在し、同じ日本人の中でも分断が起こっていた。「その新しい状況に直面したときの日本人って何だろう、どうなるんだろうな、と考えてみたい」と、かわぐちは作品の意図を述べている。[9]

『太陽の黙示録』のもう一つの読みどころは、分断国家ニッポンの様子だ。震災翌年の2003年には、札幌に拠点を置いた臨時政府が、アメリカと中国の両政府に対して南北分断型の復興案を打診し、了承される。札幌を首都とする北日本（ノースエリア）では、中国の管理社会型の政策が採用され、租税徴収と社会保障給付の効率化を図るとして、人民証明書と呼ばれるICチップが国民の体に埋め込まれている。一方、福岡を首都とする南日本（サウスエリア）では、アメリカ主導の自由主義的な政策が取られ、道州制の導入、公務員の国籍条項撤廃といった改革が実行されていく。

かわぐちは、朝鮮半島の南北分断をモチーフとした韓国映画《シュリ》（1999年）が着想のヒントになったと述べている。[10]『太陽の黙示録』が『日本沈没』の構想を引き継ぐものである点を考慮に入れても、太平洋戦争時の「ありえたかもしれない分断」がこの物語の下地となっているのは明らかだ。

『太陽の黙示録』第一部「群雄編」が完結すると、水没した関東圏を舞台とした「建国編」がスタートする。震災から約20年が経過した2020年、関東圏は北日本でも南日本でもない不可侵領域（＝グレイ・エリア）となっていた。そこに主人公の一人である柳《りゅう》舷一郎を慕う人々が集まり、巨大な穀倉地帯を形成しつつあった。

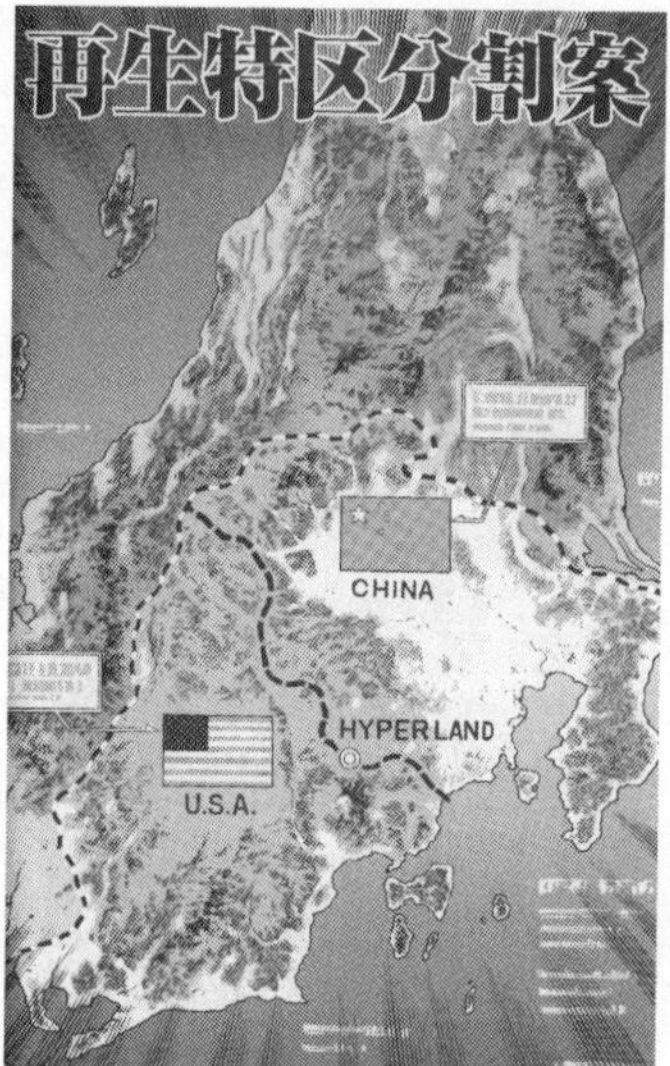

図終－4　米中両国によって示された関東圏の分割管理案
かわぐちかいじ『太陽の黙示録　建国編』第8巻（小学館、2010年）、34頁

この物語のもう一人の主人公は、南日本政府で新しい国づくりに取り組む宗方操である。現実主義者の宗方は、「非武装・不服従」の理想を貫く舩一郎と対立してきた。しかし、太平洋戦争の破局にも目を向けた宗方は、新しい独立国家を築こうとする思いは舩一郎と同じだと気がつく。宗方は次のように述べる。

無条件降伏したあの敗戦…平和憲法、アメリカの傘の下で戦後日本国民が、真実願った…〝非武装〟〝不服従〟を国是とする…豊かな国家の樹立!!　あの大震災から23年…灰に埋もれた地と…海外に逃れた200万人の避難民と共に、果たせなかったその国家の樹立を、〔引用者注　舩一郎は〕グレイ・エリアで試みたと!!　だが今も覇権を手放さぬ超大国の狭間にあって、それは危険な〝幻〟なのだ。

（「建国編」第9巻、56―58頁）

「覇権を手放さぬ超大国」とは、南北日本を実質的に支配し続けているアメリカと中国を指す。両国は、2026年の国際会議で、グレイ・エリア（＝関東圏）を再生特区として分割統治しようと画策していた[11]［図終・4］。

敗戦後の1945年、地震が起こった2002年、そして2026年と、日本は分断統治の危機を三度繰り返そうとしていた。そうした危機を防ぐために宗方と舩一郎は和解し、関東圏を新たなフロンティアとし、日本人同士が再び一つとなる未来を選択した。『太陽の黙示録』は21世紀の作品ではあったが、「戦争の記憶」が刻まれていて、戦時中のありえたかもしれない「分断」や「破滅」が未来を切り拓く物語となっていた。過去の分断を想像する場合も、未来の分断に備える場合も、重要なのは「過去」と「未来」を結び付けて考えることなのかもしれない。

アフターコロナ時代の「希望」

戦争の記憶が残る社会では、「ひょっとしたら」という感覚が残っており、「ありえたかもしれない過去」を「ありうるかもしれない未来」へと連結する思考プロセスが機能していた。

桜井哲夫『可能性としての「戦後」』（1994年）では、太平洋戦争が日本人に「滅亡体験」を与え、その体験が「戦後の日本社会の核を作った」と論じられている。[12] 本書で確認してきたように、日本は連合国によって分割統治されていた可能性があり、朝鮮半島では分断が実際に起こっている。当時の人々が感じていた分断危機については、第一章で確認したとおりだ。これらの点を考慮に入れれば、桜井が論じた「滅亡体験」に「ありえたかもしれない分断」の体験を加えても問題はないだろう。そうした体験が未来へと反映され、今度こそ国が滅亡するかもしれない、あるいは分断されてしまうかもしれないといった危機意識を生み出し、それが戦後の日本社会を発展させる原動力となってきたのだ。

1970年代から80年代にかけてソ連の北海道占領を多くの人が恐れたのも、北海道侵攻の「ありえたかもしれない過去」が「集合的記憶」として刻まれていた結果だと言えよう。1990年代に刊行された「ニッポン分断もの」の中にも、太平洋戦争における「ありえたかもしれない分断」の記憶が刻まれており、起こりえた「もう一つの未来」の姿が「仮想戦後」という形で提示された。厳密に言うと、1970―80年代は「未来戦記」、1990年代は「過去戦記」という違いはあるのだが、「過去」と「未来」が連結するという点では共通していた。

ところが2000年代に入り、戦争の「集合的記憶」が薄れてくると、過去（歴史）への想像力のみならず、「ありえたかもしれない過去」を「ありうるかもしれない未来」へと連結する思考方法も失われてしまった。その結果、単なる物語の舞台装置としてニッポン分断を扱う作品が増えてきた。

本書ではそうした状況に抗うべく、「分断」という破局状態を思考装置として、戦後日本のターニングポイントを浮かび上がらせようとしてきた。この試みの重要なポイントは、「過去」と「未来」の連関に気づかせてくれるところにある。

本書で確認してきたように、戦後まもない時代には、日本の一部が共産化して「日本人民共和国」として分離独立を果たす「もう一つの未来」は十分に考えられた。第三次世界大戦の勃発が危惧された1970年代から80年代にかけては、ソ連による北海道分断も十分に現実味を帯びていた。2011年の東日本大震災では、原発事故によって東日本が壊滅状態に陥る最悪のシナリオも考えられた。2015年あるいは20年に行われた住民投票の結果次第では、大阪都構想が実現し、東京一極集中を脱する新たな社会へのスタートが切られていたかもしれない。

いずれの場合も、ソンナ可能性タシカニアッタヨネといった閉じた形の「もう一つの歴史」ではなく、その延長線上には、私たちが暮らすこの社会とは異なる「もう一つの未来」が立ち現れてくる。ただし、大阪都構想のように、痛みを伴いながらも新しい可能性を秘めた「もう一つの未来」は例外だ。「ニッポン分断もの」が描くのは、家族や友人が離れ離れとなり、社会のあらゆるものがまったく別のものに変わってしまう「もう一つの未来」の姿である。そこでは、私たちが当然のものとして受け止めている価値観、公共サービス、経済状況といったものは影も形もない。

未来をディストピアとして描く発想には批判もあるだろう。高度経済成長期やバブル期と異なり、右肩下がりの時代に不安を増幅させる物語は必要ないと考える人もいるだろう。しかし、このまま人口が減り続けていけば、「ニッポン分断もの」で描かれたのと同じような国家の危機に直面せざるをえなくなる。新型コロナウイルスのように、私たちが想像さえしなかった厄災に見舞われることもあるだろう。こうした時代だからこそ、「もう一つの未来」の分断を想像（創造）し、それによって、私たちの社会が抱える問題点を浮かびあがらせ、危機に備える方法が必要なのではないか。

「もう一つの世界」を描く「ニッポン分断もの」に問題がないわけではない。もっとも懸念すべきなのは、これらの作品があまり目立たないという点だ。巻末の表を見るとわかるように、「ニッポン分断もの」の多くはノベルスと呼ばれる新書判で刊行され、現在は品切れの作品も少なくない。大学や地域の図書館に所蔵されることも稀だ。つまり、「ニッポン分断もの」の読者共同体を作ろうとしても、プラットフォームが脆弱なのだ。既存の論壇において、ニッポン分断がほとんど語られてこなかった所以《ゆえん》である。「分断」について論じることで連帯を促す本書の狙いを達成するために、スマートフォンや電子書籍の普及は大きな希望である。活字のみならず映像あるいは動画での展開もこれからは必須となるだろう。佐藤卓己は序章でも触れた「AC（コロナ後）」に関する議論の中で、特に遠隔授業の進んだ学校では、「BC（コロナ前）」のメディア空間には戻れないとしている[13]。

小松左京『日本沈没』は、内容のみならず映像を含むメディア展開という観点からも、未来の「ニッポン分断もの」が模範とすべき作品だ。

小松は「廃墟の空間文明」（1964年）という論考で、敗戦文学や敗戦映画の必要性について言及し、「敗戦の体験を、民族固有の歴史的体験として時代をこえて外化定着する」ことを提案している。

> ひとことでいえば、その表現されたものが、つねに万人の共感をさそうような、一つの「古典」をつくり出すことではないだろうか？　つまり戦争や原爆体験をあつかったモニュメンタルな文学なり、ドラマなり、映画なりがつくり出され、百年後の八月六日、二百年後の八月十五日にも、記念集会につどう人々の前にそれが上演され、放映されうるようなものが必要なのではあるまいか？[14]

小松は「古典」の具体的な作品として、野間宏の小説『真空地帯』（1952年）や原爆映画《ゴジラ》（1954年）を挙げている。現代的な感覚からすると、小説版あるいは映像版の『日本沈没』こそ有力な候補だろう。それを超えるようなAC（アフターコロナ）時代の「ニッポン分断もの」は、50年後あるいは100年後に登場しているのだろうか。

ニッポン分断という「下向きの反実仮想」がなぜ今必要なのか。それは、ありえたかもしれない最も深刻な事態への想像力が、未来を切り拓く創造力を持つと信じるからだ。それは、希望を見出す力と言ってもよいかもしれない。

本書で紹介してきた「ニッポン分断もの」の傑作が教えてくれたのは、たとえ絶望的な状況であっても、否、絶望的な状況であるからこそ生まれてくる希望、つまり「にもかかわらずの希望」があるということだ。たとえば、井上ひさし『一分ノ一』[*20]の主人公であるサブーシャは、ニッポンが四分割されてしまった絶望的な状況の中でも、「人びとが明るく溌剌とするような国……」とあるべき国の姿を堂々と語っていた。目の前に明確な脅威が迫った時にどのように対処し、どのようなビジョンを描いていくかは、私たちが「ニッポン分断もの」から学ぶべき最も重要な視点だ。

第3章では、加藤典洋が「敗戦後論」で何度も引用したロシアのストルガツキー兄弟の言葉、「きみは悪から善をつくるべきだ、それ以外に方法がないのだから」に着目した。そして、「ニッポン分断もの」の分析から得られるものを「分断後論」という一つの思想として捉えなおそうと提案した。その発想に立ち返れば、ニッポン分断という「下向きの反実仮想」が描いてきた絶望や恐怖といった「悪」は、「善」を生み出すために避けては通れない通過点なのだ。本書では、「戦後」に代わる議論の共通基盤を探るために「分断」思考に着目してきたが、さまざまな厄災が次々と襲ってくる現代社会において、その意義や必要性はますます高まっていくだろう。

新型コロナの影響によって不安や戸惑いが社会を覆い、一方では新しい価値観が生まれようとするカオス的な状況が続いている。そうした中で、いかに前を向いて進もうかと考える時、私たちは「ニッポン分断もの」の主人公たちと実は同じ地平に立っているのかもしれない。

あとがき

映画監督のビリー・ワイルダーには、《ワン・ツー・スリー》（1961年）という隠れた名作がある。《アパートの鍵貸します》（1960年）の翌年に完成した作品で、ベルリンの壁が建設される直前のベルリンを舞台としている。

主人公のマクナマラ（ジェイムズ・キャグニー）は、コカ・コーラの西ベルリン支社長で、東側へコーラを売り込もうと意気込んでいる。そうすれば欧州支局長への出世が叶うと信じているからだ。

ある日、アメリカ本社の社長から直々に電話があり、17歳の娘をしばらく預かってほしいと頼まれる。この娘が曲者で、マクナマラの目を盗んで東ベルリンの青年と逢瀬を重ね、子供まで授かる。相手の青年は筋金入りの共産主義者であったが、社長は共産主義を嫌っていた。このままでは監督責任を問われ、マクナマラのキャリアは完全に終わってしまう。タイミングの悪いことに、何も知らない社長が娘を迎えに西ベルリンまでやって来るという。

この最悪の状況を打開するには、コミュニストの青年を、資本主義社会のエリートに「変身」させるしかない。服、靴、帽子、髪型、食事の作法、思想、出自——。社長令嬢に相応しい結婚相手に仕立てるため、マクナマラは必要な品物や「変身」を手助けしてくれる人を次々と手配していく。ワイルダーは、「ワン・ツー・スリー」という掛声で180度変わってしまうイデオロギーの軽薄さを描きたかったのだろう。

西側の人間も東側の人間もたいした違いはない。にもかかわらず、「壁」という物理的な障壁の存在によって、人びとの生活はまったく別のものに変わってしまった。ベルリンの壁の建設と崩壊を経て、今この映画を見ると、ほんの少しのきっかけで、歴史がどのようにも変わりうる危うさや恐ろしさを感じざるをえない。

本書では、国民を隔てる「壁」が日本に作られていた場合のシミュレーションを題材とした。既存の論壇では、実際に「起こったこと」にのみ光が当てられるが、「起こりえたこと」に着目してみると、戦後史はまったく違ったものに見えてくる。

本書が主たる分析対象としたのは、日本の東西分断（あるいは南北分断）を描いた作品、「ニッポン分断もの」である。これらの作品も、《ワン・ツー・スリー》と同じように、歴史の持つ危うさを私たちに垣間見せてくれる。取り上げた作品は、村上龍などのベストセラー作家のものもあるが、あまり知られていない作品の方が多いはずだ。本書をきっかけに、「ニッポン分断もの」に興味を持つ人が増えれば、こんな嬉しいことはない。

私のおすすめは、井上ひさしの『一分ノ一』だ（2011年に単行本化され、2014年に講談社文庫として刊行された）。どんな作品なのかは、本書第2章で詳しく紹介した。しかし、この「あとがき」を最初に読む方もいると思うので、井上自身が語った「作品予告」を紹介しておきたい。

井上は、作家の大江健三郎とSF作家の筒井康隆との鼎談「ユートピア探し　物語探し」（『へるめす』創刊記念別巻、1984年）の中で、次回作の構想として『一分ノ一』のことを語っている。この作品のニッポンは、太平洋戦争の終戦後に、アメリカ、イギリス、ソ連、中国によって四分割されてしまう。この「もう一つの世界」でも、戦後を代表する長嶋茂雄や中曽根康弘や田中角栄は活躍している。

長島さんも中曽根さんも角栄さんも、もちろん大江さんも筒井さんもそのままいて、たとえば、野球だけはアメリカ管理の関東甲信越地方あたりですごく盛んだったりする。大阪や河内地方はすっかり英国スタイルになっていて、午後三時になると、暴力団の事務所でも「お茶の時間や」とかいって、ブルックボンド・ティーとビスケットでお三時にしたりしている。そこに日本を統一しようとする志士たちがいるんです。そのリーダーが地理学者で、日本地図を色分けしないで一色で塗りたいというのが夢の、愛国的地理学者がいまして、その志士たちが秘密結社をつくって日本を統一しようとするという物語です。[1]

日本はドイツや朝鮮半島のような分断国家にはならなかった。しかし、敗戦後にそうなっていた可能性はゼロではなかったし、敗戦から現在に至る「戦後」の時代においても、分断状態になっていたかもしれない危機が何度も存在した。その危機感に注目して、新たな思考の枠組みを作り上げようというのが本書の目的である。

私の最近の研究テーマは「歴史のｉｆ」であり、２０１８年11月に、２冊目の単著『「もしもあの時」の社会学　歴史にｉｆがあったなら』（筑摩選書）を刊行した。本の奥付では、11月15日の刊行となっている。そのわずか10日後。私の恩師である佐藤卓己先生が『信濃毎日新聞』（2018年11月25日付）に、「仮想平和で考える日米開戦」という論考を寄せ、私の本を紹介してくださった。この中で先生は、大日本帝国がたどったかもしれない「仮想平和」に関する議論（序章で論じた「スペイン・オプション」）に言及されている。佐藤先生のこの論考がきっかけとなり、「分断」をキーワードとして、ありえたかもしれない「もう一つのニッポン」の姿を考察してみようと決めた。

2020年4月には佐藤先生が紫綬褒章を受章されたので、その記念の一冊にしようと考え、本書を書き進めてきた。受章から一年以上たっての刊行となってしまったのは、私の不徳の致すところであるが……。

実は『分断のニッポン史』というタイトルも、佐藤先生の提案によるものである。本来は別のタイトルが付いていたが、原稿を見ていただいた際、「こちらの方がよいのでは？」とコメントをいただいた。そういえば、私の1冊目の単著『ポスト活字の考古学』のタイトルも、「昨日、風呂の中で思いついたのだけど……」と先生にご提案いただいたものであった。懐かしい思い出である。

先生のネーミングセンスには脱帽するしかないが、スピード感も驚くべきものがある。今回も原稿をお送りしてわずか2日後にコメントをいただいた。編集者の方も電光石火の返信だと大変驚いていた。研究成果のみならず、こうした教育者としてのあるべき姿も紫綬褒章受章の大きな要因なのだろう。

歴史にｉｆは禁物だと言われるけれど、もしも先生がメディア史を専攻されていなかったり、女子大に就職されたりしていたら（実際そんな話もなくはなかったようだ）、私は先生の指導を受けることができず、ひょっとしたら本書も世に出ていなかったかもしれない。他の教え子たちの人生も大きく変わっていたかもしれない（それぞれが影響を受けた「佐藤先生の一冊」については、『京都メディア史研究年報』第7号〔２０２１年〕に特集が組まれている）。

今から約10年前の２００９年に、博士論文（後に『ポスト活字の考古学』として刊行）の構想を、ＳＦ作家の小松左京さんの前で発表させていただいたことがある。発表内容は、日本映画教育史における未来像の検討についてであった。発表を終えた私に向かって、小松さんはこうおっしゃった。「オモロイ。でも、これに博士号を出すことのできる先生が今の日本にいるのかね？」。小松さんの慧眼恐るべしで、学界の状況も鋭く見抜いておられるようだった（この時のことは、『小松左京マガジン』第49巻〔２０１３年〕に詳しく書かせていただいた）。

佐藤先生の度量の大きさによって、私の少し変わった研究もどこかへ埋もれずにすんだ。前著『「もしもあの時」の社会学』の「あとがき」でも書いたが、先生へのご恩は、本を書き続けることでしか返せないと思っている。本書は私の3冊目の単著である。「フォー・ファイブ・シックス」と続けていけるように頑張りたい。

佐藤先生の「紫綬褒章受章記念」ということで、佐藤門下の白戸健一郎さんと智子さんには、今回も原稿を見ていただいた。誠一郎君と慎二郎君の子育てに忙しいにもかかわらずご快諾いただき、心より感謝している。お二人の鋭いご指摘には気づかされることが多く、頼んで本当によかった。

中央公論新社の胡逸高さんには、「歴史のif」にいち早く興味を持っていただき、誠実で的確なコメントにはいつも励まされた。この4月から担当となった黒田剛史さんのアドバイスも的確で、楽しみながら校正作業を行うことができた。学生時代に中央公論新社でアルバイトをしていたので、縁のある出版社から本を出させていただけることを本当にうれしく思っている。

小松左京さんは、これまでの歴史を再検討するキーワードとして、「ハチャメチャ」を挙げている（横田順彌『日本SFこてん古典1宇宙への夢』〔集英社文庫、1984年〕の

「解説」)。例に挙げられているのが、鍋に懐中時計を入れ、卵をにらんでゆで卵を作ろうとしたり、人と会うたびに「エネルギー!」と挨拶したりした科学者たちであった。そうした人間の余剰部分にこそ注目すべしという小松さんの指摘であった。偉大な科学者の例なので一緒にするのは恐れ多いが、執筆に集中していると、気づかぬうちに迷惑をかけたことも多々あったと思う(そこまで変な行動はとっていないと思うのだが……)。いつも寛大な心で受け止めてくれる妻の絵理香には、最上級の感謝を伝えたい。

前著の「あとがき」に、ハネムーンにまだ行っていないと書いたところ、多くの方から「もう行きましたか?」と聞かれた。結論から言ってしまうと、まだ行くことができていない。新型コロナが流行しているからではなく、それよりも前に、長男の喜八が生まれたからだ。もう1歳半をすぎたが、可愛い笑顔にいつも癒されている。旅行(ハネムーン?)はいつか3人で。

2021年5月

赤上裕幸

註

†序章

1　日本放送協会編『再現ドキュメント　日本の戦後（上）』日本放送出版協会、1977年、48－50頁。引用文中に「五〇万節約出来る」とあるのは、1個師団＝3万3千人の計算か。ソ連、イギリス、中国に割り当てた15個師団＝49・5万人となる。

2　五百旗頭真『日本の近代6　戦争・占領・講和　1941～1955』中公文庫、2013年（単行本2001年）、153－157頁。佐藤卓己も、この五百旗頭の議論を引きながら「仮想平和」について考えることが重要だと指摘している（佐藤卓己「仮想平和で考える日米開戦（サンデー評論）」『信濃毎日新聞』2018年11月25日付）。

3　赤上裕幸『「もしもあの時」の社会学　歴史にｉｆがあったなら』（筑摩選書、2018年）の第四章を参照のこと。

4　スタジオ・ハード編著『架空戦記スペシャルガイド』光栄、1995年、3頁。

5　キャロル・グラック「現在のなかの過去」アンドルー・ゴードン編『歴史としての戦後日本上』中村政則監訳、みすず書房、2001年、196頁。

6　佐藤卓己『増補　八月十五日の神話　終戦記念日のメディア学』ちくま学芸文庫、2014年

（ちくま新書、２００５年）。

7　御厨貴「『「災後」の文明』のリアリティを求めて」サントリー文化財団「震災後の日本に関する研究会」編、御厨貴、飯尾潤責任編集『別冊アステイオン「災後」の文明』阪急コミュニケーションズ、２０１４年、17―18頁。

8　佐藤卓己「「戦後」「災後」そして「ＡＣ《アフターコロナ》」」『西日本新聞』２０２１年４月７日付朝刊。

9　ニール・ローズ『後悔を好機に変える　イフ・オンリーの心理学』村田光二監訳、ナカニシヤ出版、２００８年（原著２００５年）、10―11頁。

10　「ＳＮＳで揺らぐ平和意識　戦争容認、簡単に「いいね」」『日本経済新聞』デジタル版、２０２０年10月24日付。

†第1章

1　宮内庁『昭和天皇実録　第九』東京書籍、２０１６年、７６４―７６５頁。

2　宮内庁『昭和天皇実録　第九』前掲書、７７１頁。

3　「クーデター計画兵力使用第二案」は阿南によって否定されており（14日の御前会議の後に伝えられたため）、「第二案」と宮城事件を別物とする考え方もある。「第二案」の計画者の一人であった竹下正彦は次のように述べている。「八月十五日払暁、畑中、椎崎等はこれにも拘らずクーデターを決行したがそれ〔引用者注　宮城事件〕はこれ〔引用者注　「第二案」〕とは違ったものと見なければならぬ」（「（八二）終戦阻止のクーデター計画　一九五〇年二月二八日（竹下正彦）」佐藤元英、黒沢文貴編『ＧＨＱ歴史課陳述録　終戦史資料（上）』原書房、２００２年、５１９頁）。阿南が「クーデター計画兵力使用第一案」に示した態度について、荒尾興功追想録編纂世話役編『荒尾興功さんをしのぶ』（１９７８年）に収録された高山信武、竹下正彦、幸村健一郎による鼎談「終戦処理当時の荒尾さんの心境を想う」では、阿南が12日にクーデタの準備を許可し、13日には実行の可否について「よく考えて今夜十二時、省内大臣室で自分の決心を荒尾大佐に伝える旨言明」したが、14日の段階では実行を断念した、と竹下が主張している（36－38頁）。阿南の秘書官を務めていた林三郎も、阿南がクーデタに賛成とも反対とも取れる曖昧な態度を示していたと証言している（「（七五）終戦に対する陸軍、特に阿南陸相の立場　一九四九年一二月二三日（林三郎）」『ＧＨＱ歴史課陳述録　終戦史資料（上）』前掲書、４７８－４７９頁）。

4　「映画に出ない終戦の日の真相　岡本喜八氏インタビュー」『映画芸術』１９６７年10月号、23頁。

5　下村海南『終戦秘史』講談社学術文庫、１９８５年（単行本１９５０年）、１５９頁。下村は『八・一五事件』（弘文堂、１９５０年）でも、この事件の性質について以下のように述べている。「一歩を誤れば、土崩瓦解せんとしたる瀬戸際寸前の寸劇である」、「米ソの分割占領となるかならぬかのキイ・ポイントである」、「無血終戦かゲリラ戦か別れ路の標示杭である」（３頁）。下村については、坂本慎一『玉音放送をプロデュースした男　下村宏』（ＰＨＰ研究所、２０１０年）も参照のこと。

6　大宅壮一編『日本のいちばん長い日　運命の八月十五日』角川文庫、１９７３年（単行本１９６５年）、１５０、１６５－１６６頁／半藤一利『決定版　日本のいちばん長い日　運命の八月十五日』文春文庫、２００６年（単行本１９９５年）、１８１、１９７－１９８頁。

7　映画版《日本のいちばん長い日》に関しては、山本昭宏編『近頃なぜか岡本喜八　反戦の技法、娯楽の思想』(みずき書林、2020年)や岩本憲児編『映画のなかの天皇』(森話社、2007年)、岡本喜八版(1967年)と原田眞人版(2015年)の比較については、成田龍一『「戦後」はいかに語られるか』(河出ブックス、2016年)の第4章も参照のこと。

8 「シナリオ　日本のいちばん長い日」(『キネマ旬報』1967年7月上旬号、122頁)をもとに、実際の映像と照合し、一部内容を修正した。DVD版では、1時間21分の場面。

9 「映画に出ない終戦の日の真相　岡本喜八氏インタビュー」前掲『映画芸術』、24頁。

10 村井淳志『脚本家・橋本忍の世界』集英社新書、2005年、133、139頁。

11 五百旗頭真『日本の近代6　戦争・占領・講和　1941―1955』中公文庫、2013年(単行本、2001年)、194―195頁。

12 五百旗頭真『米国の日本占領政策　戦後日本の設計図』下巻、中央公論社、1985年、26―30、216―221、248―254頁。

13 ハリー・S・トルーマン『トルーマン回顧録1　決断の年』加瀬俊一監修、堀江芳孝訳、恒文社、1966年(原著1955年)、323―324頁。

14 『トルーマン回顧録1　決断の年』前掲書、323―325頁。「日本分割　米ソ、緊迫の駆け引き　書簡で判明　終戦直後の一週間」『読売新聞』1995年1月9日朝刊。長谷川毅『暗闘スターリン、トルーマンと日本降伏』中公文庫、2011年(単行本、2006年)、下巻、204―217頁。

1 「ひきさかれた街」は、筒井康隆編『日本SFベスト集成 1972』(1976年)にも収録され、編者を務めた筒井は「『SFマガジン』三月号に、同誌の求めに応じ初登場作として書かれたもので、SF界外部の作家の作品としては珍しくファンの絶賛を浴びている」と紹介している(徳間文庫、1980年、407頁)。藤本のアイディアに触発された筒井は「自分の生れ育った大阪が共産主義一色に塗り潰された状態を考えるとなんともおかしく、いずれ「赤船場」なるドタバタを書くつもりでいる」と意気込みを語っていた(406頁)。しかし残念なことに、現在まで「赤船場」の作品化はなされていない。

2 SF作家・野阿梓は「現実」から派生したパラレルワールドを「幻実」と呼んだ(野阿梓「ダイダロス、飛翔。」笠井潔『エディプスの市《まち》』ハヤカワ文庫、1994年、366―367頁)。

3 日本放送協会編『再現ドキュメント 日本の戦後(上)』日本放送出版協会、1977年、282―283頁。脚本は恩地日出夫が担当した。この時の取材記は、玉井勇夫ほか『NHK日本の戦後取材記〈上〉日本分割』(学習研究社、1978年)としてまとめられている。80年代には、民放でも日本分割統治に関する番組が放送されている。テレビ朝日は《極秘文書・JWPC385=1・日本分割占領案と知日派》を放映し、「テレビドキュメンタリー番組企画」の特別奨励作に選出されている(『読売新聞』1983年11月2日付朝刊)。ABCテレビ(朝日放送)は、《トップシークレット 救われた日本の分割占領》(1985年4月30日)、《終戦特集 戦後日本はかくデザインされた》(同年8月19日)を放映している(両番組は、横浜市にある放送ライブラリーで視聴が可能である)。

4 半藤一利、竹内修司、保阪正康、松本健一編『占領下日本』筑摩書房、2009年、222頁。

5　松本健一は『エンジェル・ヘアー』（文藝春秋、1989年）という作品も刊行している。この場面が登場するのは、井上ひさし『一分ノ一』講談社文庫、上巻、53頁。

6　三波春夫『すべてを我が師として』映画出版社、1964年、149頁。

7　磯田光一『戦後史の空間』新潮文庫、2000年（単行本1983年）、336頁。

8　磯田光一『戦後史の空間』前掲書、334頁。

　　磯田光一『戦後史の空間』前掲書、338、339頁。「われわれとは異質の〝もう一つの幸福〟がある」のではという問題提起を行っている（339頁）。

†第3章

1　山田正紀「戦後日本を駆け抜ける超高速駆逐艦と若者たち　ヴァーチャル・ヒストリー「影の艦隊」の壮大な意図を語る」『奇想艦隊　スーパー・シミュレーション大冒険王』創刊号（1993年春号）、94頁。

2　村上龍、小山鉄郎「『五分後の世界』をめぐって――日本は〝本土決戦〟をすべきだった！（村上龍ロングインタヴュー）」『文學界』1994年6月号、270頁。

3　加藤典洋『敗戦後論』ちくま学芸文庫、2015年（単行本1997年）、78、85頁。この言葉は、アルカジイ・ストルガツキー、ボリス・ストルガツキーの小説『ストーカー』（1972年）のエピグラフにロバート・P・ウォーレンの言葉として登場する（深見弾訳、ハヤカワ文庫、1983年）。

4　加藤典洋『敗戦後論』前掲書、341頁。加藤の議論は、特に革新側からの批判を招いた。

5　福田和也『作家の値うち』飛鳥新社、２０００年、１０９頁。

6　野崎六助「東西分断国家、日本。痛烈な現代日本の戯画に驚嘆（らいぶらりぃ）」『サンデー毎日』１９９８年1月18日号、84頁。

7　東浩紀『ゲーム的リアリズムの誕生　動物化するポストモダン2』講談社現代新書、２００７年、40頁。

8　津堅信之《つがたのぶゆき》は、映画版《雲のむこう、約束の場所》の「時系列や状況設定がよく見えない」点を指摘している。「本作は、厳格に構築された「もう一つの歴史」というよりも、津軽という場所を新海誠が好み、そこを舞台にという前提があって、初めての長編アニメとして、それにふさわしい壮大な物語に挑戦した、という作品である」（津堅信之『新海誠の世界を旅する　光と色彩の魔術』平凡社新書、２０１９年、44頁）。

9　円堂都司昭『ディストピア・フィクション論　悪夢の現実と対峙する想像力』作品社、２０１９年、３４９頁。

†第4章

1　大宅壮一「日本人民共和国の可能性」『政界ジープ』１９５０年11月号。引用は『大宅壮一選集第４（政治・経済）』筑摩書房、１９５９年、２１８頁。『政界ジープ』はＧＨＱの意向に沿った右派雑誌であった（加藤哲郎『「飽食した悪魔」の戦後　７３１部隊と二木秀雄『政界ジープ』』花伝社、２０１７年）。

2　大宅壮一、前掲書、２２０頁。

3　時事通信「好きな国嫌いな国（昭和24年6月）」『時事通信占領期世論調査』第8巻、大空社、1994年、2頁。「ソ連の北海道・九州分断作戦」『日本週報』1951年10月1日。

4　廣松渉著、小林敏明編『哲学者廣松渉の告白的回想録』河出書房新社、2006年、99頁。前田俊彦「人民自決→九州独立を夢みて――わたしの敗戦期体験」『新地平』1985年9月号、42―45頁。廣松渉「若い日の私　九州の「臨時革命政権」にかかわる」『毎日新聞』1989年10月19日付。

5　西内雅『八千万の命運』京北書房、1953年、128頁。戦時中に内閣総力戦研究所員を務めた西内が著者となっているが、実際は作家の近藤経一らとの共同研究であったようだ。

6　「赤い太陽（新潮雑壇）」『新潮』1959年9月号、8頁。名越二荒之助『内乱はこうして起る』（原書房、1969年）でも「昭和三十四年出版されたが、その後殆んど問題にされなかった」とされている（23頁）。中山に関しては、中山正男追悼集刊行会編『つぎに来る旅人のために　中山正男追悼』（中山正男追悼集刊行会、1972年）を参照のこと。『赤い太陽』は、北原尚彦『SF奇書天外』（東京創元社、2007年）でも紹介されている。北原の本は、「ニッポン分断もの」を収集する上で参考にした。

7　高谷覚蔵『日本がもし共産化したら』国民協会、1965年、25―26頁。高谷は、社会党政権の樹立が共産党の政権奪取につながるという二段階革命説を主張し、日米安保条約の重要性を説いた。

8　『国民協会十年の歩み』国民協会、1972年、123頁。1975年に財団法人国民政治協会と改称された。

9　室谷克実「世論調査分析　日本人の「好きな国・嫌いな国」」『中央調査報』575号、2005年9月、3頁。

10　佐瀬稔『第三次世界大戦　アジア篇　中ソ戦争勃発す！』二見書房、1979年、278頁。

11　栗栖弘臣『仮想敵国ソ連　われらこう迎え撃つ』講談社、1980年、61－126頁。1978年、栗栖は自衛隊統幕議長時代に超法規発言をして解任された人物である。軍事科学研究会「日本が持つべき防衛力（核の選択）」『諸君！』1980年7月号、77－79頁。他の三つは、①宗谷、津軽海峡だけを制圧（道北、道南、青森市、三沢市、八戸市などに侵攻）、②軍事的重要目標に対するコマンド攻撃（レーダーサイト、沿岸の監視所、司令部、大きな補給所などを奇襲攻撃）、③飛行場の獲得（千歳、八戸、秋田、石川県の小松などへ侵攻）が想定されている。

12　第3章で紹介した架空戦記ランキング（［図3－1］）で5位の『八八艦隊物語』（1992年－）を書いた横山信義は、『ソ連侵略198X年』の戦闘シーンを執筆の参考にしたと明らかにしている（スタジオ・ハード編著『架空戦記スペシャルガイド』光栄、1995年、54頁）。80年代の未来戦記が、90年代の仮想戦記（過去戦記）に影響を与えた点も注目すべきであろう。

13　『出版指標年報　1981』では、この本の売れ行きが「特に好調」と記されている（出版科学研究所編『出版指標年報　1981』全国出版協会出版科学研究所、1981年、25頁）。

14　中馬清福『'85年軍事危機説の幻』朝日新聞社、1986年、41頁。

15　村井幸雄編著『東京発・北方脅威論』現代の理論社、1980年、2頁。

16　中馬清福、前掲書、4頁。

17　押井守、佐藤大輔「戦争とファンタジー」『押井守（文藝別冊　KAWADE夢ムック）』河出書房新社、２００４年、23頁。

18 押井守、佐藤大輔「戦争とファンタジー」前掲書、25頁。

19 秦郁彦『昭和史を縦走する』グラフ社、１９８４年、１８０頁。「現有の軍事能力で考えれば誰が書いても同工異曲の結論になるのは避けがたい」とも述べている（１８１頁）。

20 ウェブ・マガジン「アニマ・ソラリス」でのインタビュー（http://www.sf-fantasy.com/magazine/interview/010101.shtml）。佐藤亜紀『鏡の影』に関するインタビュー（２００１年1月）であるが、『戦争の法』への言及もなされている。

21 佐藤亮太郎「北海道「侵略」小説と第二次大戦の記憶」『苫小牧駒澤大学紀要』第30号、２０１５年、81頁。旧日本軍に関する怪談話が『道北戦争１９７９』に登場する点に着目し、「仮想戦後」の中にも太平洋戦争の記憶が埋め込まれていると佐藤は論じている。

22 宗像和広『日本陸軍ブックコレクション　戦記が語る日本陸軍』銀河出版、１９９６年、１５４、１７２—１７３頁。宗像は、ハケット『第三次世界大戦』に端を発する１９７８年から８０年頃のブームを「第一次「近未来戦」小説ブーム」、１９８０年代から９０年代にかけてを「第二次「近未来戦」小説ブーム」と位置づけている。

†第5章

1 三省堂編『にっぽん「独立国」事典』三省堂、１９８５年、２３０頁。１９８６年には大阪で万国博覧会が開催され、８７年にはパロディー国連も結成された。

2 井上ひさし「書げや、書げ、書げ……」『終末から』１９７４年10月号（第9号＝終刊号）、３７

6頁。

3　李建志「独立小説　戦後の「内地」」東大比較文学会編『比較文学研究』（通号91）2008年6月、李の「ミニ独立国」ブームへの批判は、論文の78、82頁。速水健朗「独立国家論」『ゲンロン1〜11』2015－20年。

4　大宅壮一「独立国」『人生旅行』角川書店、1956年（『大宅壮一全集　第7巻』蒼洋社、1981年、307頁）。

5　鶴見俊輔ほか『日本の百年　2　廃墟の中から　1945－52』筑摩書房、1961年、100頁。

6　李建志「独立小説　戦後の「内地」」前掲論文、73頁。

7　町田は「西部軍司令官始め参謀長、先任参謀までが賛成している」と、熊谷に述べていたという。しかし熊谷が高田保と火野葦平に話をすると、「二人とも、独立問題にはなんの知識もなく、驚いた様子」だった。熊谷は、九州独立運動が「私だけのひとりよがり」で「陸軍の謀略にかけられたのかも知れぬと、町田さんの態度を疑いはじめた」と書いている（熊谷久虎「太平洋戦争と九州独立運動の真相」、243、246頁）。この熊谷の論考は、火野葦平資料の会会長を務める坂口博の論考「山家《やまえ》洞窟司令部の幻景　「九州独立運動」前後」（『敍説Ⅱ　04』2002年8月号）で紹介されている。坂口は、九州独立運動が実現した場合は「軍による「地方総監府」の掌握というクーデター」の形態を取ったと推測した上で、軍と官僚の主導権争いという観点から、この運動の実現可能性がいかに低かったかを論じている（35頁）。

8　大宅壮一「九州イデオロギーの群像」『文藝春秋』1956年5月号（『日本の裏街道を行く』文

藝春秋新社、1957年、95頁)。大谷敬二郎『昭和憲兵史』みすず書房、1966年、536−537頁。熊本で起こった九州独立運動は、西部軍の高級参謀が御前会議の様子を知らせるなどして説得を試み、籠城10日で退散した。九州独立運動は、隣の鹿児島でも起こっていた。

9 那須良輔「わたしの終戦　ゲリラ作戦の九州独立軍」『地上』1958年8月号、112頁。

10 稲葉正夫「本土決戦命令」『実録太平洋戦争　第七巻(開戦前夜と敗戦秘話)』中央公論社、1960年、170頁。

11 日本社会党福岡県本部35年史編さん委員会編『日本社会党福岡県本部の三五年』1983年、10−11頁。『西日本新聞』1945年12月28日付の記事として引用されている。

12 李建志「独立小説　戦後の「内地」」前掲論文、76頁。

13 米山俊直『小盆地宇宙と日本文化』岩波書店、1989年、225−226頁。

14 比嘉康文『「沖縄独立」の系譜　琉球国を夢見た6人』琉球新報社、2004年、90、273−275頁。

15 永六輔「佐渡の鼓童」東京やなぎ句会編著『佐渡新発見　伝統と文化』三一新書、1993年、11−18頁。

16 松本健一「夢のような話」『新沖縄文学』48号、1981年、79−80頁。

17 速水健朗「独立国家論　第4回　フェイクニュースと国家転覆、北海道共和国の系譜」『ゲンロン5』2017年、246頁。

18 小松左京『小松左京自伝　実存を求めて』日本経済新聞出版社、2008年、283頁。他に東京消滅を描いた物語として、横山信義『東京地獄変』(幻冬舎、1998年)、アニメ《ラーゼフォン》（出渕裕監督、フジテレビ、２００２年）などがある。今回は、これらの作品は「ニッポン分断もの」に加えていない。

19 水木楊・嶌信彦「「東京共和国」構想に賛成」『本の話』１９９９年10月、58頁。

20 水木楊・嶌信彦「「東京共和国」構想に賛成」前掲誌、60―61頁。

21 速水健朗「独立国家論　第1回「分離独立」の想像力と日本」『ゲンロン1』２０１５年、１５４頁。

22 「ロングインタビュー　桐野夏生『バラカ』」『青春と読書』２０１６年3月号、11頁。ただし、実際にヘリで放水したのは、東京消防庁ではなく自衛隊である。

23 桐野夏生『白蛇教異端審問』文春文庫、２００８年（単行本２００５年）、１２８頁。

†終章

1 赤瀬川隼『球は転々宇宙間』文春文庫、１９８４年（単行本１９８２年）、11頁。

2 福間良明『戦後日本、記憶の力学「継承という断絶」と無難さの政治学』作品社、２０２０年。

3 佐藤亮太郎「北海道「侵略」小説と第二次大戦の記憶」『苫小牧駒澤大学紀要』第30号、２０１５年、74、80頁。

4 M・アルヴァックス『集合的記憶』小関藤一郎訳、行路社、１９８９年（原書１９５０年）、86―87頁。成田龍一は『増補「戦争経験」の戦後史　語られた体験／証言／記憶』（岩波現代文庫、２０２０年（単行本２０１０年））の中で、１９４５年から６５年を「体験」の時代、６５年から９０年を「証言」の時代、９０年以降を「記憶」の時代と区分している。

5 「戦争アニメに労組が「反旗」　東映動画、2億円の大作」『朝日新聞』1981年4月3日付朝刊。東映動画の歴史を労使関係から読み説いた木村智哉『東映動画史論　経営と創造の底流』（日本評論社、2020年）は、戦争と平和に関するイデオロギー対立だけではなく、「プロデュースを行う東映と、東映動画の職員との間での、六〇年代から続く企画主体や利潤の構造をめぐる対立も潜んでいた」と論じている（269頁）。

6 《愛國戦隊　大日本》の脚本は岡田斗司夫、メカニック・デザインは庵野秀明が担当している。長山靖生は『戦後SF事件史　日本的想像力の70年』（河出ブックス、2012年）で次のように述べている。「もちろんこの作品は冗談として作られたもので、思想的に社会主義やソ連を批判する意図があったわけではない。むしろ「思想的」であること自体を揶揄した作品といったほうが適切だろう」（188頁）。

7 小松左京（聞き手・鶴見俊輔）「「日本沈没」以後」『思想の科学』1992年2月号、62頁。

8 小松左京「「日本沈没」以後」前掲誌、62頁。

9 かわぐちかいじ、村尾修「日本列島崩壊と再生のビジョン（特集記事　東京の壊滅と再生　1923−20XX）」『自然災害科学』22（4）、2004年、344−345頁。

10 かわぐちかいじ、村尾修「日本列島崩壊と再生のビジョン」前掲誌、343頁。

11 震災や他国の侵攻によって日本が分断国家となる近未来を描いた作品も存在する。古野まほろ『復活　ポロネーズ第五十六番』[*67]（2012年）は、新型ウィルスの流行を契機として日本が中国に占領される。北野慶『亡国記』[*72]（2015年）は、南海トラフ地震によって静岡の原発が爆発を起こし、北海道と九州以外は人間が住めなくなってしまう未来を描く。原発事故対応を名目として北海道はロシアに、本州と四国はアメリカに、九州は中国に占領され、多くの日本人は海外へと住居を移す。

12 桜井哲夫『可能性としての「戦後」』平凡社ライブラリー、２００７年（単行本１９９４年）、13頁。

13 佐藤卓己「「戦後」「災後」そして「ＡＣ《アフターコロナ》」」『西日本新聞』２０２１年４月７日付朝刊。

14 小松左京「廃墟の空間文明」『現代の眼』１９６４年９月号。引用は、東浩紀編『小松左京セレクション２　未来』河出文庫、２０１２年、23頁。

†あとがき

1 井上ひさし、大江健三郎、筒井康隆『ユートピア探し　物語探し』岩波書店、１９８８年、97―98頁。

作品情報（単行本化、収録作品、文庫化、映像化など）
沖縄タイムス社発行の雑誌。「琉球共和社会憲法Ｃ私（試）案」と「琉球共和国憲法Ｆ私（試）案」という独立国の「憲法」草案が議論されている
講談社、1987年（上下巻）／講談社文庫、90年（上下巻）
有楽出版社、1992年／実業之日本社 JOY NOVELS、96年
書籍化された際に『二〇三〇年東北自治区』と改題（新潮社、1992年）。文庫化の際には『人間狩り』と改題された（祥伝社文庫、95年）
水木楊『眠れない寓話』（新潮社、1993年）に収録。『東京独立共和国』（文藝春秋、99年）のもととなった作品
短篇「東京独立」（1991年）を長篇化した作品
新潮社、2003年／エトセトラブックス、20年
文藝春秋、2009年／文春文庫、11年。11年には映画化
新潮社、2011年／新潮文庫、14年

本書で言及した「独立国家もの／独立国家論」一覧

作者	作品名（フィクションには○印）	発表年	初出の媒体
特集	琉球共和国へのかけ橋	1981	『新沖縄文学』（48号）
村上龍	愛と幻想のファシズム○	1984－86	『週刊現代』1984年1月1日号－86年3月29日号
半村良	寒河江伝説○	1991	『月刊ドンドン』1月号－12月号
半村良	ヒューマニスト○	1991	『小説新潮』2月号－12月号
水木楊	東京独立○	1991	『Foresight』4月号
西川三郎	沖縄の虎○	1996	幻冬舎
柘植久慶	沖縄独立す　北東アジアに軍事危機が迫る○	1998	KK ベストセラーズ
水木楊	東京独立共和国○	1999	文藝春秋
笙野頼子	水晶内制度○	2003	『新潮』3月号
万城目学	プリンセス・トヨトミ○	2008	『別冊文藝春秋』1月号－09年1月号
海堂尊	ナニワ・モンスター○	2009	『週刊新潮』2009年12月31日・10年1月7日合併号－12月2日号
大阪国独立を考える会 編	大阪がもし日本から独立したら	2010	マガジンハウス
村雲司	阿武隈共和国独立宣言○	2012	現代書館
赤松利市	アウターライズ○	2020	中央公論新社

※日本の一地域が独立を果たす様子を描いたフィクション（「独立国家もの」）や実際に提唱された「独立国家論」のうち、本書で言及した作品のみを収録した。
※同時代の言説のみをリスト化し、回想等は含めていない。たとえば、本文の註では、永六輔「佐渡の鼓童」（東京やなぎ句会編『佐渡新発見　伝統と文化』三一新書、1993年）に言及しているが、この論考は一覧表には加えていない。

作品情報（単行本化、収録作品、文庫化、映像化など）
新潮社、1949年／新潮文庫、51年／『獅子文六全集』朝日新聞社、68年／ちくま文庫、2014年など。1950年には映画化も行われている（監督・渋谷実）
創言社、2006年
火野葦平『盲目の暦』創言社、2006年に収録
中央公論社、1960年／『火野葦平兵隊小説文庫　第9巻』光人社、80年／社会批評社、2014年（上下巻）など
中央公論社、1960年／『梅棹忠夫著作集　第7巻　日本研究』中央公論社、90年／講談社学術文庫、2014年
松下幸之助『遺論・繁栄の哲学』PHP研究所、1999年に収録
ちくま文庫、2002年
琉球独立党（現・かりゆしクラブ）の機関誌。他には、映画監督・大島渚「琉球怨歌」などの論考が掲載されている
『終末から』が廃刊となったため、第5章の途中で中断。『小説新潮』（1978年5月号）で再スタートが切られ、80年9月号で完結。単行本は、新潮社、81年／新潮文庫、85年（上中下巻）
『ビバ日本語！』（徳間書店、1977年／徳間文庫、82年）に収録。この本には、日本の各地方の独立を主題とした短篇小説「独立」（『GORO』76年5月13日号）も収録されている
講談社、1978年（上下巻）／講談社文庫、81年／角川文庫、84年。田辺節雄により漫画化もされている（秋田漫画文庫、80年〔全4巻〕）。2013年には、仙台市の出版社である荒蝦夷から復刻出版された
西丸震哉『砦なき社会　わが野性的サバイバル思考』PHP研究所、1980年に収録（文庫化の際に『食べ過ぎて滅びる文明』と改題〔角川文庫、85年〕）。「佐渡島共和国」は、杉元伶一（原作）・加藤伸吉（作画）による漫画『国民クイズ』（93年）にも登場する

本書で言及した「独立国家もの／独立国家論」一覧

作者	作品名（フィクションには○印）	発表年	初出の媒体
獅子文六	てんやわんや○	1948－49	『毎日新聞』1948年11月22日－49年4月14日
火野葦平	盲目の暦○	1952	『改造』1月号－6月号
火野葦平	九州千早城	1952	『オール讀物』12月号
熊谷久虎	太平洋戦争と九州独立運動の真相	1957	『私は知りたい』12月号（創刊号）
火野葦平	革命前後○	1959	『中央公論』5月号－12月号
梅棹忠夫	日本探検（第3回）北海道独立論―根釧原野	1960	『中央公論』5月号
特集	九州独立を論ず	1964	『文藝朝日』11月号
坂みのる	大阪独立戦争○【漫画】	1966	『週刊漫画TIMES』2月5日号
松下幸之助	続・廃県置州論	1969	『PHP』5月号
竹中労	琉球共和国 汝、花を武器とせよ！	1972	三一書房
竹中労	沖縄／ニッポンではない	1972	『三星天洋』
井上ひさし	吉里吉里人○	1973－80	『終末から』1973年6月号（創刊号）－『小説新潮』80年9月号
豊田有恒	嗚呼！　新潟人民共和国○	1977	『別冊問題小説』冬季特別号（3巻1号）
西村寿行	蒼茫の大地、滅ぶ○	1977－78	『小説現代』1977年9月号－78年7月号
西丸震哉	私の佐渡独立論	1978	『新潟日報』8月26日－31日

初出の媒体	作品情報（単行本化、収録作品、文庫化、映像化など）
テレビ朝日系列	
『ウルトラジャンプ』10月号－	集英社、2019年－ ※21年5月現在、第4巻まで刊行
『ゲッサン』9月号－	小学館、2020年－ ※21年5月現在、第3巻まで刊行
『文學界』9月号	文藝春秋、2021年
オーバーラップ	2021年5月現在、第2巻まで刊行。Web小説がもととなっている（https://ncode.syosetu.com/n3297eu/）
宝島社文庫	

「ニッポン分断もの」一覧

番号	作者	作品名（近未来を描いた作品には●印）	発表年
79	田崎竜太 他（原作・石ノ森章太郎）	仮面ライダービルド【TVドラマ】	2017－18
80	伊藤悠	オオカミライズ●【漫画】	2018－
81	池田邦彦	国境のエミーリャ【漫画】	2019－
82	砂川文次	小隊	2020
83	二日市とふろう	現代社会で乙女ゲームの悪役令嬢をするのはちょっと大変	2020－
84	亀野仁	暗黒自治区●	2021

初出の媒体	作品情報（単行本化、収録作品、文庫化、映像化など）
講談社	講談社ノベルス、2013年／講談社文庫、14年。『闇の喇叭』の続篇
『小説すばる』2011年8月号－15年5月号	集英社、2016年／集英社文庫、19年（上下巻）
『ヤングエース』2011年8月号－16年1月号	角川書店（角川コミックス・エース）、2012－16年（全5巻）
潮書房光人社（光人社NF文庫）	
講談社	講談社ノベルス、2014年／講談社文庫、15年。『真夜中の探偵』の続篇
新潮社	
『ミステリーズ！』vol.58－60（東京創元社）	東京創元社、2014年。続編は『武蔵野アンダーワールド・セブン―意地悪な幽霊―』16年、東京創元社（もとは『ミステリーズ！』vol.61－64、13－14年）
潮書房光人社（光人社NF文庫）	
星海社	上下巻。同人ゲーム（2012年発売）のノベライズ本。漫画版（スクウェア・エニックス、12－15年、全12巻）も刊行
メディアワークス文庫	
現代書館	『続・亡国記』はKindle版でのみ読むことができる
KADOKAWA	映像版《東京無国籍少女》のノベライズ本。ただし、異なる物語。「映像版「東京無国籍少女」では描かれていない空白の時間が蘇る」（本の帯）
『少年マガジンR』2015年1号－17年4号（『月刊少年マガジン』15年5月号増刊－17年7月号増刊）	講談社、2015－17年（全3巻）
『すばる』6月号	
電波社（ヴィクトリーノベルス）	全3巻／コスミック文庫、2019年
『新潮』2016年6月号－17年8月号	新潮社、2018年
光文社文庫	

「ニッポン分断もの」一覧

番号	作者	作品名（近未来を描いた作品には●印）	発表年
62	有栖川有栖	真夜中の探偵	2011
63	桐野夏生	バラカ	2011－15
64	天王寺キツネ	ガンナーズ【漫画】	2011－16
65	木元寛明	道北戦争1979　シビリアンコントロール機能せず	2012
66	有栖川有栖	論理爆弾　logic bomb	2012
67	古野まほろ	復活　ポロネーズ第五十六番●	2012
68	長沢樹	武蔵野アンダーワールド・セブン―多重迷宮―	2013
69	中村秀樹	第二次日露戦争●	2013
70	深見真（原作・竜騎士07）	ローズガンズデイズ　season1	2013－14
71	一二三スイ	さよなら流星ガール	2014
72	北野慶	亡国記●	2015
73	山邑圭（監修・押井守）	東京無国籍少女	2015
74	樋口紀信	ディクテーターズ　列島の独裁者【漫画】	2015－17
75	三崎亜記	愛国の魚群	2016
76	子竜螢	日中決戦●	2016－17
77	古川日出男	ミライミライ	2016－17
78	知念実希人	屋上のテロリスト	2017

初出の媒体	作品情報（単行本化、収録作品、文庫化、映像化など）
ソノラマ文庫（朝日ソノラマ）	全5巻／朝日ノベルズ、2010年（全3巻）／続篇『スプラッシュ・ワン！：わたしのファルコン』朝日ノベルズ、11年／加筆修正版が『新・天空の女王蜂』（文芸社文庫、15－16年〔全4巻〕）
勁文社（ケイブンシャノベルス）	全3巻。『連合艦隊、津軽海峡を封鎖せよ』の続篇
光文社（カッパ・ノベルス）	
メディアワークス（電撃文庫）	コナミの戦略 SLG（2000年発売、プレイステーション2）のノベライズ本
『ビッグコミック』2002年第16号－08年第2号／08年第3号－10年第21号	小学館、2003－08年（群雄編）、全17巻、08－11年（建国編）、全9巻。アニメの DVD（海峡編と国境編）も07年に発売されている
学習研究社（歴史群像新書）	全3巻／学研 M 文庫、2005年（上下巻）
『電撃 hp』2月－8月	書籍化された際に『天槍の下のバシレイス　まれびとの棺』と改題。メディアワークス（電撃文庫）、2004年（上下巻）
コミックス・ウェーブ・フィルム	ノベライズ本は、加納新太が執筆（エンターブレイン、2006年／角川文庫、18年）
幻冬舎	上下巻／幻冬舎文庫、2007年（上下巻）
学習研究社（歴史群像新書）	全3巻／文芸社文庫、2017－18年（全3巻）
エンターブレイン（ビーズログ文庫）	『エパタイ・ユカラ　愚者の闇』（2007年）も刊行
フジテレビ	津軽海峡が分断線。架空都市「大伴市」が舞台。
一迅社	パソコン用アダルトゲーム（2005年）のノベライズ本
文芸社	文芸社文庫、2013年／小学館ジュニア文庫、16年（上下巻）／河出文庫、20年
理論社	講談社、2011年／講談社ノベルス、13年／講談社文庫、14年
小学館（ガガガ文庫）	
『ウィングス』2月号	『百姓貴族　第2巻』（新書館、2012年）の19話（「19頭目」）に収録。「もしも百姓貴族の舞台がソ連（ロシア）だったら」をモチーフとした作品

「ニッポン分断もの」一覧

番号	作者	作品名（近未来を描いた作品には●印）	発表年
45	夏見正隆	わたしのファルコン	1995－96
46	井上淳	日本南北戦争	1995－96
47	檜山良昭	大逆転！ 2003年 戦艦「武蔵」④日本分断編、⑤東西激突編	1996－97
48	竹内誠	RING OF RED リングオブレッド	2000
49	かわぐちかいじ	太陽の黙示録【漫画】 ●	2002－10
50	田中光二	超空の叛撃	2003
51	伊都工平	西方世界剣魔攻防録●	2004
52	新海誠	雲のむこう、約束の場所【長編アニメーション映画】	2004
53	村上龍	半島を出よ●	2005
54	森詠	革命警察軍ゾル	2006－08
55	高丘しずる	エパタイ・ユカラ 愚者の恋●	2006
56	出渕裕（原作・石ノ森章太郎）	スカルマン THE SKULL MAN【TVアニメ】	2007
57	早狩武志	群青の空を越えて	2008
58	山田悠介	ニホンブンレツ●	2009
59	有栖川有栖	闇の喇叭	2010
60	杉井光	花咲けるエリアルフォース	2011
61	荒川弘	日本分割統治計画【漫画】	2011

初出の媒体	作品情報（単行本化、収録作品、文庫化、映像化など）
『Foresight』1月号－3月号	『眠れない寓話』（新潮社、1993年）に収録
新潮社	新潮文庫、1996年／ブッキング、2003年／文春文庫、09年／伽鹿舎、17年
『NAVI』1992年2月号－94年5月号	新潮社、1997年（上下巻）／角川書店、2002年（新装版）／角川文庫、09年（上下巻）
『ネオファンタジー』1992年7月号、『コンバットコミック』92年12月号－93年12月号（4・5月号除く）	1987年に別の雑誌に掲載されていたが、途中で頓挫。単行本は、日本出版社、94年／角川書店、2002年（完全版）
徳間書店（TOKUMA NOVELS）	全7巻
徳間書店（TOKUMA NOVELS）	全3巻／徳間文庫、2003年（上中下巻）／中央公論新社（愛蔵版）、17年。佐藤大輔『逆転・太平洋戦史』（天山出版、1991年／『目標、砲戦距離四万！　仮想・太平洋戦史』徳間文庫、93年）には「もしも栗田艦隊がレイテ湾目前で反転しなかったら!?」という項目があり、「日本民主主義人民共和国」成立の可能性への言及がある
文藝春秋	
幻冬舎	幻冬舎文庫、1997年 ※続篇＝『ヒュウガ・ウイルス：五分後の世界II』（幻冬舎、1996年／幻冬舎文庫、98年）
幻冬舎	ハルキ文庫、2000年
文藝春秋	
勁文社（ケイブンシャノベルス）	
徳間書店（TOKUMA NOVELS）	全5巻
徳間文庫	全5巻／朝日ソノラマ、2006年（全3巻）／加筆修正版が『天空の女王蜂』（文芸社文庫、13年〔全3巻〕）
実業之日本社JOY NOVELS	全3巻
『小説宝石』3月号－11月号	光文社、1996年／光文社文庫、98年／『日本が「人民共和国」になる日』（ワック、2017年）として復刊

「ニッポン分断もの」一覧

番号	作者	作品名（近未来を描いた作品には●印）	発表年
30	水木楊	南北日本統一	1991
31	佐藤亜紀	戦争の法	1992
32	矢作俊彦	あ・じゃ・ぱん	1992－94
33	押井守、大野安之	西武新宿戦線異状なし	1992－93
34	山田正紀	影の艦隊	1992－95
35	佐藤大輔	征途	1993－94
36	水木楊	2025年日本の死●	1994
37	村上龍	五分後の世界	1994
38	東直己	沈黙の橋	1994
39	若槻泰雄	ニッポン難民列島●	1994
40	井上淳	連合艦隊、津軽海峡を封鎖せよ	1994
41	志茂田景樹	激烈！第二次帝国大戦●	1994－95
42	夏見正隆	レヴァイアサン戦記	1994－96
43	豊田有恒	日本分断	1995
44	井沢元彦	小説「日本」人民共和国	1995

初出の媒体	作品情報（単行本化、収録作品、文庫化、映像化など）
『ビッグコミック』10月25日号	『ザ・コクピット5』（小学館叢書、1990年／小学館文庫、98年）などに収録
講談社（ヤングマガジンコミックス）	全2巻 ※『ヤングマガジン』での連載が元のようだが、未確認
『小説新潮スペシャル』春号	『発語訓練』（新潮社、1984年）、『素晴らしい日本野球』（新潮文庫、87年）、『笑いごとじゃないユーモア傑作選』（文春文庫、95年）に収録
中央公論社 C・NOVELS	
旺文社文庫	「ひきさかれた街」も収録
『小説現代』1986年6月号－92年3月号（断続的な連載）	講談社、2011年（上下巻）／講談社文庫、14年（上中下巻）
『SF アドベンチャー』7月号	『エディプスの市（まち）』（講談社、1987年／ハヤカワ文庫、94年）に収録
祥伝社	光文社文庫、1992年／徳間文庫、2007年など
『文學界』1986年4月号－87年2月号	新潮社、1987年／新潮文庫、90年
『月刊スーパーアクション』1986年8月号－87年9月号／『ログアウト』93年3月号、『月刊ログアウト』同年4月号－94年7月号	単行本は1987年に双葉社より2巻まで刊行。93年から94年にかけて、アスキーより完全版（計4巻）が刊行。2016年に三栄書房から電子版コミックが配信
愛知通信	
新潮社	
『コンバットコミック』7月号－12月号	日本出版社、1989年／ゲンブンマガジン（『バトルオーバー北海道／第三次世界大戦〔小林源文傑作集1・2〕』、2011年〔前編〕、14年〔後編〕）／ゴマブックス、18年（『バトルオーバー北海道／第三次世界大戦〔小林源文傑作集〕』）
『週刊小説』1989年3月3日号－90年8月17日号	書籍化の際に『ソ連軍大侵攻・本土決戦』とされる（実業之日本社 JOY NOVELS、1989－90年〔全3巻〕）
『コンバットコミック』1990年3月号－91年6月号	日本出版社、1991年／世界文化社、99年（『トーキョー・ウォーズ』のタイトル）／新装版、ソフトバンククリエイティブ、2008年／ゴマブックス、18年（『Raid on Tokyo』と表記）／ゲンブンマガジン、19年（前後編）

「ニッポン分断もの」一覧

番号	作者	作品名（近未来を描いた作品には●印）	発表年
15	松本零士	富嶽のいたところ	1981
16	原作・史村翔、漫画・沖一	列島198X●【漫画】	1981－82
17	小林信彦	サモワール・メモワール	1982
18	土門周平	日本国家分断●	1984
19	藤本泉	時界を超えて	1985
20	井上ひさし	一分ノ一	1986－未完
21	笠井潔	鸚鵡の罠	1986
22	門田泰明	黒豹伝説　特命武装検事・黒木豹介	1987
23	筒井康隆	歌と饒舌の戦記	1986－87
24	板橋しゅうほう	凱羅（がいら）【漫画】	1986－94
25	斎藤博	小説　日本分割●	1988
26	井上淳	赤い旅券	1989
27	小林源文	バトルオーバー北海道【漫画】	1989
28	檜山良昭	クライシス！本土決戦　Xデー・ソ連軍大侵攻●	1989－90
29	小林源文	レイド・オン・トーキョー【漫画】	1990－91

※タイトルの異なる続篇は、新たに項目を立てた。
※「発表年」に関しては、基本的には、中断期間を記していない。
※「ニッポン分断もの」の収集に当たっては、前島賢さん（@MAEZIMAS）の2015年6月12日のツイート（「『ぼくたちの好きな分断日本』とかいうムックをつくれないだろうか。…」）とそれへのリプライの他、ネット上の情報も参考にした。

初出の媒体	作品情報（単行本化、収録作品、文庫化、映像化など）
第一世論社	
『SFマガジン』7月号	早川書房、1965年／ハヤカワ文庫、73年／中央公論社、76年／中公文庫、78年／『日本SF傑作選1 筒井康隆 マグロマル／トラブル』ハヤカワ文庫、2017年などに収録
『SFマガジン』8月臨時増刊号	ハヤカワ文庫、74年／『日本売ります』ハルキ文庫、99年などに収録
『SFマガジン』3月号	筒井康隆編『日本SFベスト集成 1972』（徳間書店、1976年／徳間文庫、80年／ちくま文庫、2014年）、藤本泉『時界を超えて　東京ベルリンの壁』（旺文社文庫、1985年）に収録
『問題小説』12月号	『本邦泰西ヌード縁起』（角川書店、1976年／角川文庫、81年）に収録
『週刊現代』5月18日号－8月17日号	講談社、1978年
二見書房	「ソ連軍は佐渡から東京を襲う」（『現代』1979年2月号）という原稿が元になっている。劇画（漫画）版を、小林源文と軍事劇画グループが『ホビージャパン』79年7月号に発表している
二見書房	
二見書房	
『週刊少年ジャンプ』12月号	『秋本治傑作集　上』（集英社文庫、1999年）に収録
二見書房	新書版（二見書房）、1983年
学習研究社	
徳間書店（TOKUMA NOVELS）	上下巻／徳間文庫、1987年（上下巻）
二見書房	

「ニッポン分断もの」一覧

番号	作者	作品名（近未来を描いた作品には●印）	発表年
1	中山正男	赤い太陽●	1959
2	筒井康隆	東海道戦争	1965
3	小松左京	本邦東西朝縁起覚書	1965
4	藤本泉	ひきさかれた街	1972
5	豊田有恒	昨日ばかりの明日	1975
6	佐瀬稔	北海道の十一日戦争　自衛隊 vs. ソ連極東軍●	1978
7	久留島龍夫と軍事研究グループ	第三次世界大戦　日本篇　ソ連軍日本上陸！●	1979
8	久留島龍夫と軍事研究グループ	第三次世界大戦　続・日本篇　ミンスク出撃す！●	1979
9	岩野正隆	第三次世界大戦　米ソ激突す！　国後島奪回せよ！●	1979
10	秋本治	柴又戒厳令	1979
11	岩野正隆	北海道占領さる！　第三次世界大戦●	1980
12	井崎均	北海道が人民共和国になる日　ソ連軍の進駐する3か月●	1980
13	生田直親	ソ連侵略198X年　北海道占領さる●	1980
14	久留島龍夫と軍事研究グループ	第三次世界大戦　ソ連が中東を制圧する日●	1980

ラクレとは…la clef=フランス語で「鍵」の意味です。
情報が氾濫するいま、時代を読み解き指針を示す
「知識の鍵」を提供します。

中公新書ラクレ
737

分《ぶん》断《だん》のニッポン史《し》

ありえたかもしれない敗戦後論《はいせんごろん》

2021年8月10日発行

著者……赤上裕幸《あかがみひろゆき》

発行者……松田陽三
発行所……中央公論新社
〒100-8152 東京都千代田区大手町1-7-1
電話……販売 03-5299-1730 編集 03-5299-1870
URL http://www.chuko.co.jp/

本文印刷……三晃印刷
カバー印刷……大熊整美堂
製本……小泉製本

Published by CHUOKORON-SHINSHA, INC.
Printed in Japan ISBN978-4-12-150737-2 C1221

中公新書ラクレ　好評既刊

L708
コロナ後の教育へ
――オックスフォードからの提唱
苅谷剛彦 著

教育改革を前提から問い直してきた論客が、コロナ後の教育像を緊急提言。オックスフォード大学で十年余り教鞭を執った今だからこそ、伝えられること――そもそも二〇二〇年度は新指導要領、GIGAスクール構想、新大学共通テストなど一大転機だった。そこにコロナ禍が直撃し、オンライン化が加速。だが、文科省や経産省の構想は、格差や「知」の面から諸問題をはらむという。以前にも増して地に足を着けた論議が必要な時代に、処方箋を示す。

L709
ゲンロン戦記
――「知の観客」をつくる
東　浩紀 著

「数」の論理と資本主義が支配するこの残酷な世界で、人間が自由であることは可能なのか？「観客」「誤配」という言葉で武装し、大資本の罠、敵／味方の分断にあらがう、東浩紀の「生き延び」の思想。哲学とサブカルを縦横に論じた時代の寵児は、2010年、新たな知的空間の構築を目指して「ゲンロン」を立ち上げ、戦端を開く。いっけん華々しい戦績の裏にあったのは、予期せぬ失敗の連続だった。ゲンロン10年をつづるスリル満点の物語。

L732
膨張GAFAとの闘い
――デジタル敗戦
霞が関は何をしたのか
若江雅子 著

GAFAにデータと富が集中している。日本がそれを易々と許した一因に、にわかに信じがたい法制度の不備がある。国内企業に及ぶ規制が海外勢には及ばない「一国二制度」や、EUに比べて遥かに弱い競争法やプライバシー規制、イノベーションを阻害する時代遅れの業法……。霞が関周辺にはそれらに気づき、抗おうとした人々がいた。本書はその闘いの記録であり、また日本を一方的なデジタル敗戦に終わらせないための処方箋でもある。